山に祈る

峯寺老僧　随想録

松浦　快芳

題字「山に祈る」は筆者直筆

峯寺火祭り：松浦快遍住職撮影

藤原靜雄氏撮影

熱田愼次氏撮影

森脇寿一氏撮影

大島　修氏撮影

加納　賢氏撮影

後藤孝司氏撮影

峯寺本堂

峯寺庭園

峯《みね》寺《じ》

島根県雲南市三刀屋町給下の山腹にあり、斉明４年（658）開創と伝わる真言宗の古刹。古来厄除の功徳があるといわれ、本尊は大日如来。出雲修験の根本道場で、春の火祭りには山伏行列があり、柴燈大護摩供養は千年の法統を伝えている。また、精進料理の寺としても知られている。出雲観音霊場第９番札所、出雲國神仏霊場第17番札所、出雲八不動霊場第１番札所。

イラスト　片寄正規

和尚の風韻

室生伽藍洞主人　渡辺　誠弥

奥高野から奥吉野にむかって紀伊山地の山道を下ると野迫川村に出る。道をそのまま真っ直ぐ下ると天川村洞川、途中、道を右に折れると立里荒神だった。

立里荒神、言い伝えには、役行者の三宝荒神感得に始まり、およそ百年ののちに空海高野山開山の折り、顕現した三宝荒神を修法祭祀し、無事開山に至ったとある。その威、猛々しく信ずる者の七難即滅七福即生を第一の誓願とするところからタテリの名が由来するとあった。境内に立つと、冴え冴えとした秋天の下紀伊山地の山並みが幾重にも重なり、ただよう山岳修験の揺籃の気に思わず手を合わせてしまう。

若き日の快芳和尚は大峯山系のあの山道を、洞川を始まりとして山上ヶ岳、大普賢岳、行者還岳、弥山、八経ヶ岳、釈迦ヶ岳、大日岳、行仙岳、玉置山、本宮と行程百五十キロの順峯逆峯の奥駈道を幾たび往還したことか。そう思ったとき和尚の身辺にただよう風韻の不思議のわけがわかった。

誦するとき、結ぶとき、点てるとき、話するときと、そのときどきの所作をつつむ和尚の風韻の妙、若い頃はもっと気のはげしさが表に出ていただろうとも思うし、踏み出す一歩も地を叩く感があったかもしれない。が、三十年前初めてお会いしたときはすでにいまのお姿だった。その後変わらない。

かつて出雲に住し、やがて奈良を終の棲家とさだめて転じ、天川、十津川、熊野、本宮と日常的に往来するようになったとき、成る程と和尚の身辺にただよう風韻の成り立ちの得心がいった。出雲峯寺の快芳和尚の風韻は中国山地の、紀伊山地の山上の風が拓したものと。その風韻から生まれ、山塊の風が推敲した和尚の一文は読んで爽風が胸中吹き抜ける感があり、あらためてそのお人となりを想したものだ。

（元ＮＨＫアナウンサー）

発刊にあたって

夕日を受けてさっさと山門を歩みいる虚無僧、入山を告げる一曲を吹く。一幅の墨絵を見る如く、見事でした。

母は裏の庭園へ招じ、お茶を接待。神々降臨の弥山を背景にした雲州流の庭園のたたずまいを愛でていただく。一服のお茶、実に清境とお喜びいただいた。この方こそ、先の島根新聞社（現・山陰中央新報社）社長、木幡吹月先生でした。

「国破れて山河あり」。農地解放、公職追放、世はまさに乱世、地主にあたる風は冷たいと慨嘆、「しかし先祖が守り伝えてきた、伝統文化、文化財は捨てるわけにはまいらぬ」と木幡先生。ようやく文化財保護法が成立、国の文化行政が発足した昭和二十五年の秋でした。霊場護持発展の為には、世人が心のよりどころとして参拝できる環境整備が大切であると助言をいただきました。

昭和二十八年には山陰合同大茶会開催、四十六年には旅の若人達の宿・ユースホステルの開設、日本の原点を出雲に求める国際交流の留学生のホームステイなど、師からいただいた助言の効果は、年を追ってこの山寺に息衝いてまいりました。

峯寺住職六十五年、山寺を守って勤め得たのも師のお力添えの賜物であります。

こうした縁《えにし》もあって、山陰中央新報紙面の宗教家による「混迷・生きる～教えの庭から」の執筆陣の一人に加えていただき、山寺に暮らして日々感じることや人々との触れあいの一端を綴ってまいりました。そのコラムも、私が書き始めて約十年が経過したことから、一冊にまとめて書籍にというお話があり、『山に祈る』という書名で発刊することになりました。拙著ではございますが、お読みいただいた方に少しでもお役に立てれば幸いです。

発刊にあたりましては、序文として玉稿をよせていただきました渡辺誠弥氏、山陰中央新報社出版部の加地さんには度々お越しいただき、様々なご助言を賜りました。ここに全ての関係諸氏に対し報恩感謝の心を込め、発刊の言葉と致します。

平成二十七年一月

松浦　快芳

《もくじ》

和尚の風韻　渡辺誠弥 —— 8
発刊にあたって　松浦快芳 —— 10

【平成17年〜平成18年】
巡礼寺に母が残したもの …… 16
一筋の道 …… 20
童心 …… 24
駆け込み寺 …… 27
職場研修の中学生迎え …… 31
第二のふるさと峯寺 …… 34
里山の今昔 …… 38
「命」臨死体験から …… 41
お茶の心 …… 44
絆の鐘 …… 47

【平成19年〜平成20年】
峯寺山門炎上 …… 52
痛恨 …… 55
チベットの高僧を迎えて …… 58
10代目「ポチ」 …… 61
茶味 …… 64
終戦記念日を迎えて …… 67
30年ぶりの再会 …… 71
老もまた好し …… 74
弥山と私 …… 77
冬の夜の電話 …… 80
烏のこと …… 83
行脚の功徳 …… 86
昭和の時代　山寺に生きて …… 89

チベット高僧とポチ……93
秘仏観音　祈りの旅……97
秘仏への旅……101
【平成21年～平成22年】
炉辺談話……106
札所今昔……109
チベット高僧の死とポチ……113
忠犬ポチ……117
塔は見ていた ～私の終戦記念日～……120
秘仏をたずねて ～古都の旅～……123
ゆく年くる年 ～鐘で結ばれた絆～……126
大峯山のミヤマザクラ……129
松江藩と天河御師……132
山寺の仁王尊……135
山に祈る……138
無財の七施 ～和顔施～……141
跣の行者……144
山に消えたモンク……147
【平成23年～平成24年】
峯寺の角折牛……152
震災慰霊の日々……155
忠僕の陰膳……158
仁王尊と拳銃……161
銘木を取り返した母……164
祈りの道「世界遺産熊野古道」……167
観音様とお茶……170
絆 ～山寺のお正月～……173
祈り ～清盛の時代に見る峯寺の観音様～……176

可愛い子には旅をさせ……179
ダグラス・デール君へ……182
孝養軒の行者たち……185
山伏と法螺……188
ピアノ由来記……191
【平成25年〜平成26年】
みちのくの子供たち……196
聖地巡礼の旅……199
美の巡礼……202
忠犬ポチ、猪との戦い……205
山伏入門……208
いい物残そう子供らに……211
印度カレー……214
母の忌を迎えて……217
初釜……220
巡礼今昔……223
山伏と陀羅尼助……226
秋葉さんに思う……229
四恩講話……232
おもてなしの心……235
米寿を迎えて……238

《凡例》
※本書は、山陰中央新報紙面に連載している各宗教家による「混迷・生きる〜教えの庭から」のうち、本書筆者（松浦快芳）が担当した平成17年10月から平成26年12月までの69回分を加筆・修正してまとめたものです。
※本文各題名の下のカッコ内の日付は新聞掲載日です。
※本文中に登場する団体名や人物の肩書等は新聞掲載時のものです。

平成17年～平成18年

巡礼寺に母が残したもの

鈴の音とともに哀調をおびたご詠歌が木の間越しに聞こえるころ、奥出雲の山寺、観音霊場第九番峯寺にも春が訪れてくる。

終日、子守りの背に負われて巡礼の姿を目で追っていた幼いころ、日長の春も暮れかかり、にぎやかだった山上は急に寂しくなる。母の姿を求めて寺内を探しまわる。母は手ぬぐいを姉さんかぶりに、その夜の参籠《さんろう》者たちの食事作りにかいがいしく立ち働いていた。今もその姿が懐かしく思い出される。

そのころは宿賃も持たない遍路、不治の病を巡拝に託して霊場を訪れる者、故あって家出の男女など、さまざまであった。

「仏の袖にすがって来る人を拒んではならない」「一夜の宿を乞《こ》う人を決して、ことわってはならない」

母はいつも寺内の者たちに言い聞かせていた。夕方になって門をたたくお遍路のために風呂をわかし、食事をつくる、母の信念は終生変わらなかった。

（平成17年10月22日付）

筆者

父は、私が小学一年の春、四十六歳で亡くなった。地方の素封家に育って、峯寺に入山した父は、因習深い寺の生活、加えて昭和の大恐慌に寺の維持には大変苦慮したようである。

父亡き後、残されたのは多額な負債と、六人の子どもの養育であった。母の苦労はそこから始まった。

母は京都に生まれ、樋口一葉に私淑、賀川豊彦の理想主義に目覚めるなど、多感な乙女であったという。そのころ、仏都に修学中の父と出会い、あこがれて嫁いだ出雲は、母にとって全く異郷の地であった。流人のように京都を思い涙に暮れていたという。

そうした母の慰めとなったのは、時たま山寺の風情を愛し、つえを引いて登って来る風流墨客であった。旅の遍路の世話に生きがいを感じ、思いがけぬ時に訪れて来る文化人を迎えた時の母の喜びは、さぞかしと思われる。

何しろ、そのころの山深いこの地は封建色も甚だしく、山里に住む人々は、川一つ向こうの村も他郷のように思ったものらしい。母の寂しさは言うまでもない。

当時の人々にとって唯一の楽しみは、出雲札所巡拝であった。実に未知への旅である。わずか出雲一国、五十六里を巡る一週間余の旅は、若者たちにとっては成人になる通過儀礼であった。そして帰って来れば、徴兵が待っていた。娘たちは嫁入り前の心の準備であったものらしい。

人生に疲れた遍路もあれば、健康的な青年男女の姿もある。盛時には一日千人と記録されている。母の日常は、春の訪れから秋の深まるころまで、遍路を迎えては見送る日々が続く。

平成二年、「願わくば花の下にて春死なんその如月の望月のころ」との西行法師の歌をこよなく愛した母にふさわしく、山桜らんまんのころ、九十四歳の長寿を全うし、観音浄土へと旅立っていった。実に生涯の大半を寺の再興に尽くして世を去った。

衣食足り過ぎて心滅ぶ今の世相を何と見るか。福祉、医療ともに充実した長寿社会でありながら、年間三万人余の自殺者が出る。いったい何を物語るものであろう。

私はこの寺に生まれて八十年。住職五十余年。戦中戦後の激動の時代を、何とか寺を守って来られたのは、母の生きざまが絶えず心の中にあったからだと思うのである。

この春、出雲國神仏霊場が開創と成った。日増しにふえる県内外の参拝者に、心のふるさととしての札所寺となるよう念じながら、手を合わせてお迎えしている。

一筋の道

（平成17年11月19日付）

山の冬は厳しかった。その朝、前晩から降り積もった雪は大人のひざ上まではあっただろう。

妻は町内の小学校に勤務していたが、病気のため一カ月余も休暇をとっていた。ちょうど回復期を迎え、この朝久々の出勤という日のことだった。私は山門まで妻を見送ったが、この雪で病後のからだには無理なことだと心配した。

ところが、一瞬目を疑った。白魔とも思える一面の深い雪の中に、人が一人通れるほどに雪が掻《か》いてあるではないか。妻の手を取り、一筋の道を下りてゆく。雪道はずっとずっと麓《ふもと》の往還まで続いていた。

いったい誰が？　不審に思いながらも、おかげで妻は無事出勤し、わんぱく盛りの四年生児童に迎えられ、喜びもひとしおであったという。あとから分かったことであるが、児童の中の一人、那須義孝君のお父さんが、麓から八百メートルの山路を寺まで雪を掻いてくださったとのこと。

あすから先生が学校に出られると言って子どもが喜んでいたのにあの雪だ。とても病後の先生は出るに出られないだろうから、というお気持ちからの好意であったのだ。妻と私はそのことを知った時、あふれる涙を払いもせず、その方の善意にただただ感謝し、手を合わせていた。

那須さんは奥さんを早く亡くされ、男手一つで三人の男の子を養育されていた。那須さんは毎日、日雇い労務に出かけ、保護者会にも顔を出すという余裕は一度もなかった。義孝君は兄弟の三番目、なかなかわんぱくな子だったらしい。しかし「盗むな。嘘をつくな。弱い者いじめはするな」と、那須さんは貧しかったが、父親として子どものしつけは厳しかった。

また「不器用でも、貧しくても、一生懸命正直に生きていれば、きっと神様が見ていて助けてくださる」という、自省を忘れぬ父親であった。

さて、それから十年。ある春の夕暮れ時、大きな荷物を担いで玄関に入って来た那須さんに驚いた。平素便りのないままに、久しぶりの来訪をなつかしく思った。何と敷台の上にドカリとおろされたのは、古色蒼然《こしょくそうぜん》として引き手の金具も取れた古だんすであった。

上二人の男の子は既に就職し、義孝もやっと社会に出るようになった。三刀屋を引き揚げて長男の居る松江市に転居することになった。お世話になったが何一つないので、昔家内が使っていたたんすだから、とのことであった。

本当にもったいないことだと思った。当寺では今、そのたんすに大切な軸物などを納めて、使わせていただいている。

さらに数年たった。ある夏の日の朝、家族でお茶を飲んでいた。ふと気づくと、山門をくぐり、すたすたと入って来る凛々《りり》しい青年雲水の姿が目に入った。

「先生、那須です。義孝です」

玄関に立ち、網代笠《あじろがさ》をぬいだ僧の顔を見た瞬間、妻はとんきょうな声を上げた。

「ええっ、那須君？　まさか…」

とにかく上がってと茶室に招じ入れた雲水。その物腰、言葉遣いの礼儀正しさに、ただただ驚くばかりであった。妻は、涙ながらに再会を喜び「まさかあの義孝君が…」と声をつまらせている。

義孝君が仏門に帰依したいきさつを聞くほどに、私どもは心がひきしまり、仏縁の尊さを思い知ったことであった。彼は今、広島県三原市の禅寺の住職として活躍している。彼が晋山した時、父親の那須さんは参列した。その時の喜びの心境はいかばかりであっただろう。

今は亡き那須さんだが、彼がかつて汗にまみれながら、私の妻のため、雪の中に一筋の道をつけてくださった。その一筋の道は、今なお立派に延々と続き、世のため、人のために続き、継がれていることを思う。

この親にしてこの子あり。まさしく仏の教えの道を歩まれている義孝師の姿が目に浮かぶ。父君の那須さんは、実に古武士のような真っすぐな人であった。

童心

（平成18年1月14日付）

ある夏の午後の日盛りに、私はふもとの県道を歩いていた。

学校帰りの小学生の男の子が四、五人、後から追いついて来た。「えんげ（院家）さん、なして歩いとらいかね」。見たところ四年生ぐらいの元気のよい子どもたちに声を掛けられた。

それは、今から三十年ほど昔のこと。世の中は車社会となりつつあり、炎天下に歩いているのは私くらいだったであろう。

「えんげさん、僕の家そこだよ。寄って帰ーだわ」。一人の男の子が、私の袖を引っぱった。よく見ると、親しげに笑っているその子の顔に見覚えがある。

「あれ、あんた都間さんとこの坊主か」。そうか。ちょっと寄ってみようか、と手を引かれるまま、立ち寄ってみることにした。

ほかの子にバイバイして別れた都間啓喜《ひろよし》君が「ただいまあ」と大声で玄関に入ると「おばあちゃん、峯寺のえんげさんが来らいたよう。お茶飲ませてあげてえ」と、声をさらに張り上げる。

「まあ、まあ、えんげさんようこそ」と、おばあさんが出てくる。お母さんも出てくる。私はご仏壇に焼香してから、啓喜君の親切に甘え、お茶をいただいた。すっかり汗も引いたところへ「お母さん、峯寺まで大変だけん、えんげさんを車で送ってあげいだわ」。啓喜君の、この優しさというか、気配りに私は驚いてしまった。

◇　◇　◇

これは、つい先ごろのことである。檀家《だんか》総代巨勢家先代の三回忌法要に招かれた時のこと。法要が終わり直会《なおらい》が始まった。宴席に弱い私は、少々の般若湯に陶然となり、しばらく中座させてもらった。

こたつのある納戸は、巨勢家の孫たち七人が遊びの最中だった。「あ、えんげさんが来らいた」「すまんが、ちょっと休ませてね」と、こたつにもぐり込む私に「えんげさん、枕持って来たよ」と、男の子、女の子が代わる代わる世話をしてくれる。私は、寝釈迦《しゃか》よろしく目をつぶった。

「えんげさんが仏さんにならいたよ」と、私の顔をのぞき込む子がいる。「みんなでお経読んであげーか」ということになり、私の枕元にみんな座り込んだ。「まかはんにゃあ…」と心経がはじまる。

たぬき寝入りの私はびっくりした。日ごろ信心深い巨勢家の孫たちは、たどたどしいとは言え、年長の子は般若心経が読めるのである。

そのうち私は、花咲く園を遊化三昧《ゆうげざんまい》。極楽、極楽。

◇◇◇

時代が変わった、という。しかし、生まれてくる子は本来清浄無垢《むく》である。童心に曇りはない。

犯罪の低年齢化が問われている。いったい子どもの心を泥足でふみにじるのは誰なのか?

駆け込み寺

（平成18年2月25日付）

今から三十年前のこと、ある少年の面倒を見ることになった時の話。その子の手記を目にし、しばし黙考。

◇　◇　◇

僕は今、峯寺で庭掃きをしている。腰を伸ばす。遠く紫色にかすむ中国山地。僕はふっと両親のことを思った。

父は今ごろ山で炭焼きしてるかなあ。母はその手伝いか。変だな。今まで親のことなど思い出したこともないのに。何だおれ、泣いてるのか。

ここに来てちょうど一週間だ。暮れかかってきた。ほうきを片付ける。「もうすぐご飯よ」。お母さん（よそから来た子がみんなそう呼んでいる）が勝手口から呼ぶ。

はじめて峯寺へ来た時、両親と僕は玄関脇の茶室に通された。ものすごく緊張した。

和尚さんが抹茶をたててくださった。足が痛い。お茶は苦かった。じっと我慢していた。

「実は、この子が学校で悪いことして謹慎処分になりまして」と、父がここに来た訳を話した。

「博文君と言ったね。君はいい子だよ。目を見れば分かる。しばらくここに居たらいいよ」。和尚さんの一言。両親は畳に頭をくっつけて「どうぞ、よろしくよ

ろしく」と、言葉にならないことを繰り返す。

それから僕の仕事は朝、庭掃きから始まる。廊下や縁側の雑巾《ぞうきん》がけもする。時には「アシスタントの博文君」と呼ばれて、お母さんの料理の手伝いもする。

ある時、小さな巻き貝のような形をした長老木《ちょろぎ》というものを洗うように言われた。一粒ずつたわしで洗うのだ。ざるいっぱいの長老木は、洗っても洗ってもへらない。

「こんなもの料理に使うのか。めんどくさい」と、何度も思った。

やっと終わった時、腰が痛くてため息が出た。「よく最後までやったわね。博文君、辛抱強いよ。えらい！」。お母さんは、同じことを繰り返し褒めてくれた。

時には、お客に料理の給仕をさせられた。「どうぞ、お上がりください」とおじぎをする。

「まあ、こちらの坊ちゃんですか。えらいですねえ」と感心され、僕は本当に照れくさかった。

「博文君、ハンサムだから。頑張って」と、台所でお母さんに背中をポンとたたかれた。お母さんは、僕のすることを何でも褒めて、喜んでくれる。

二週間たった。両親が迎えに来た。父が焼いた木炭や、母が作った大根や白菜を運び込む。

「これは、これは」と、和尚さんとお母さんは合掌しておられた。僕は「ありがとうございました」が、やっと言えた。

◇　◇　◇

今、博文君は三重県四日市市で、奥さんと二人の子どもとともに幸せに暮らしている。お盆に帰省すると、今でも必ず訪ねて来てくれる。

職場研修の中学生迎え

（平成18年4月8日付）

一月三十一日。職場研修ということで、二日間、中学二年の男子生徒二人が来ることになった。

一週間前の打ち合わせの時、なぜ「峯寺」を選んだか、を問うた。仏教のことが知りたいし、寺の人の生活も興味深いので、と言う。「ほう」と私の方も彼らに興味を持って迎えた。

見たところ、緊張しているが、なかなかしっかりした少年たちだ。峯寺の紹介を兼ねて、みんなでお茶を飲みながら雑談。少し気持ちが楽になったところで「君たちも点《た》ててごらん」と、茶筅《ちゃせん》を渡す。

峯寺での研修目的。お参りの人をもてなす心。峯寺に来て良かったなあ、という気持ちになっていただくには、どんな心がけが大切か、である。

おどおどしながらも、真剣に点てたお茶。教えられたように両手で「どうぞ」とすすめる。私は一礼して頂きながら「おいしいね」と感謝の心を伝える。

実は、研修はもう始まっているのである。お分かりかな。

お客のもてなしはまず掃除からと、スタッフの一人が彼らを指導する。

障子にはたきをかけたり、ぞうきんをかけたりといった掃除の仕方は今では珍しいようだ。畳もふいた。

すっかりきれいになった。

床に花を生けよう、ということになった。冬枯れの庭に花の姿は見当たらない。彼らは薮《やぶ》の中から侘助《わびすけ》の一枝を探してきた。花器に生けるのに四苦八苦している。

準備万端整ったところで第一日の研修は無事終了。

第二日。調理場に入る。担当の星野さんの俄《にわか》アシスタントとなって、神妙に働いている姿は、ほほ笑ましくもあり、いじらしいとも思った。

午前十一時。そろそろお客を迎える準備だ。昨日生けた花に霧吹きをする。ストーブに火を入れ、座布団のゆがみを直す。

十一時半。料理の盛りつけだ。

「まず、目で見て美しく。器の中に絵を描くようにね」。星野さんの言葉は優しいが、言っていることはなかなか厳しい。

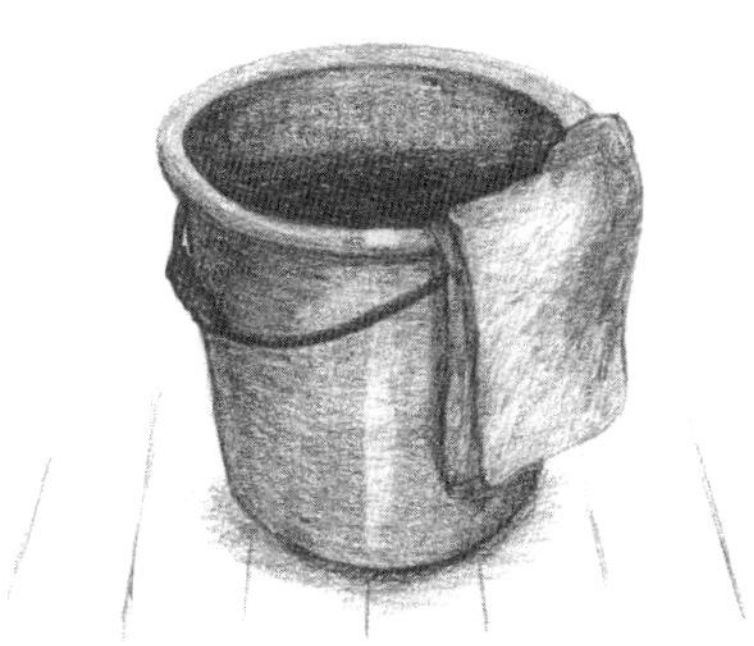

お客到着の合図があった。制服に着替えた少年たちは、一瞬背筋を伸ばして、お互いの目と目を見つめ合っている。

玄関の敷台に並んでかしこまり、「いらっしゃいませ」と頭を床にすりつける姿に、女性のお客たちはびっくりされたようだ。

お菓子と抹茶を運ぶ。料理を運ぶ。こちこちになって客の前に出る姿を、私は感動して見ていた。

「えらいですね。おいしかったですよ」。お客は、しみじみと彼らをねぎらって下山された。

二日間の研修は、こうして無事終わった。料理を試食したあと、少年たちは、足取り軽く山を下りた。

何日かたって、手紙が届いた。「もてなしとは、人が喜ばれ、幸せになってくださるよう、心をこめて迎えることだと思った」と書いていた。

仏法の神髄に、何となく気づいてくれたようだ。

第二のふるさと峯寺

（平成18年5月27日付）

「山の上。森の中。とても古い家。それはどんな所でしょう？　どんな家族が住んでいるかなあ？　お寺の生活はどうでしょうか？」

こんな書き出しで始まるこの文章は昭和四十八年（一九七三）十月に峯寺ユースホステル（ＹＨ）に来た十九歳のアメリカの女性ジャン・ハイカラーさんが滞在三カ月目にユースホステル三周年記念文集に日本語で書いたものだ。あえて原文のまま紹介する。

峯寺に来て、一番最初にしたことは、古い書院で立派な昔の庭を見ながら、抹茶（初めて）を飲みました。思い巡らすあの時の一番心配は、この寺は大変美しい自然な所（墨絵みたいな感じ）、でもちょっと寂しくないかなあ…。あの日、たくさん見た…。庭で古い仏像とか、家の中でいろんな面白い、迷子になりそうな部屋に行って、茶室とか、本堂とか、昔の台所とか、私はとっても感動でした。

峯寺ＹＨへ来るホステラーは、ここの家族と同じようにしている。ミーティングは、茶室でお茶を飲みながら、ゆっくり話してやさしい感じです。書院は素晴らしい。庭は美しい。畳と障子が大好きだけど、今はもう珍しくないようになった。私も峯寺の家族だから。

書院でお琴を弾きながら、お茶室で一緒にお茶を立てて飲むのは、気の薬。多分、峯寺ＹＨの一番珍しいことは、美しくて静かな山の上にこんな素晴らしいＹＨ、こんな素晴らしい家族がいるから。私の初めの心配は、だいぶなくなった。今の問題は、どのようにしてアメリカに峯寺を持って帰ることができるでしょうか？


ジャンが書いた通り、二百年昔とあまり変わらぬたたずまいの古寺の生活のまま、彼女を迎えたのだ。

障子を開ければ縁側があり、すぐに庭。日の光。山風、外と内の自然の延長である。

娘の和服を着せてもらい、お琴を弾くジャン。彼女の至福のひとときのようだった。

ジャンの居間は二階の十二畳。眺めはよろしい。夏になって蚊帳《かや》をつる。月光の差し込む部屋での独り寝は、寂しくも、また、日本の面影を十分味わったことだろう。

山寺の冬は厳しい。来訪者も途絶えがちの冬ごもりだ。家族の居間の掘りごたつに炭を足し、肩寄せ合って冬の夜長を思い思いに過ごす。

「ここで勉強させてください」と本を抱えてジャンが二階から下りてくる。寒いのと、人恋しいのだろう。長い足をこたつにぬっと差し入れる。

ジャンはワシントン州立エバーグリーン大

昭和40年代の峯寺境内

学人類学課日本学部。キャリー・ケーブル教授率いる十六人とともに来日。出雲の民族文化芸能研究ゼミの一員だった。

週一回のゼミに提出のリポート作りに余念がない異国の娘を眺めつつ、不思議な巡り合いを思わずにいられなかった。

滞在期間は九カ月。その間、木次町（現雲南市）の日之蔵智子先生の琴を、加茂町（同）の三代窯舟木哲郎氏に陶芸を学んだ。

昭和六十一年（一九八六）結婚。十四年ぶりに新婚旅行で夫君とともに来日、峯寺に直行、再会の喜びはひとしおであった。

里山の今昔

（平成18年7月8日付）

さくさくさくさく。朝、草を刈る音に、眠い目をこすりながら目覚める。居間近くの裏山の崖《がけ》っぷちで、牛飼いのお爺《じい》さんが生い茂った夏草をせっせと刈っている。刈り取った草は束ねられ、荷ごしらえが終わると、お爺さんはいつもながら縁側に腰かける。腰の煙草《たばこ》入れを取り出して、きざみ煙草をつめる。母が用意した手あぶりの中の火種で、きせるを吸いながら火をつける。

この一服が実にうまいそうだ。

小学四年だった私は、このお爺さんから鎌《かま》の研ぎ方を教わった。池の端にしゃがんで、砥石《といし》に鎌の刃を当てて研ぐ要領を、手をとって教えてくれた。研ぎ上がった薄刃の草刈り鎌を自分のほおのひげに当てて切れ味を試す。そのしぐさが小学生の私には、大変カッコ良いことに思われた。

寺を取り囲む三十ヘクタール余りの寺山は、当時雪解けの二月下旬ごろから山に入って木を切る人々でにぎわった。山番頭と言われる人の指示によって、ふもとの里人たち

庫裡の屋根替え

は雑木山で一年中たく薪の準備に余念がない。子どもたちも手伝ったものだ。

竹林では、秋の取り入れに使う稲掛けの竹を切る。萱《かや》山では、屋根を葺《ふ》く萱を刈る。

こうして里山は、いつも草履ばきで歩けるほどにきれいだった。山には折々の花が咲いた。母は山百合《ゆり》が大好きだった。山行きさんが取ってきた一抱えもの山百合を、部屋ごとに生けては楽しんでいた。秋は松茸《まつたけ》、クリ拾い。子どもたちは、学校から帰ると、かばんを放り投げて山へと走ったものだ。当時の親たちは子どもが山に遊びに行ったからといって、何一つ心配することはなかった。

それほど、里山は常にきれいであり、いつも顔見知りの誰かが山仕事をしていて安全であった。

裏山をしばらく登ると弥山。その途中に奥の院がある。天を突く杉の老樹で昼なお暗い。夏冬絶えることのない数行の滝の水が岩場を流れ落ちる。古事によれば開山役行者によって蔵王権現を勧請されたという。

当時、ふもとの川向こうに、信心深い老婦人が独り茶店を出していた。その松ばあさんの唯一の楽しみは盆の十六日の滝ごもりであった。

ふもとの竹本の亀爺夫婦、西屋や高丸の爺さんなどは峯寺の先達だ。

夕刻から法螺《ほら》の音を響かせながら登ってくる。つづら折りの山道を私も兄と二人で一行に従う。

そのうち闇がせまってくる滝の前に蚊やりのたき火を燃やし車座になる。静寂を破る法螺の音とともに読経がはじまる。長いお経に私は眠気におそわれる。いつしか亀爺の膝《ひざ》を枕にうとうととする。

「坊ちゃん、夜食だよ」

起こされてみると、重箱のごちそうをみんな手つまみで食べている。

こうした里山を囲む村社会の生活は戦後いつごろまで続いたことか。

今、里山の荒廃ぶりは目に余るものがある。ガスの普及がその一因だという。それだけでもあるまい。自然と共生して、豊かな村社会をいま一度よみがえらせねばと思う昨今である。

「命」臨死体験から

（平成18年8月19日付）

八月。原爆忌、終戦記念日、そしてお盆と慰霊の月である。

今日は、私の臨死体験から、今生かされている命についてお話しよう。

今から四十八年前、三十三歳の時。敗戦の色濃き厳しい時に結核という不治の病に侵された。十分な養生もできず困惑していた時、ある人の紹介で「島療」、今の松江病院の胸部外科の名医藤野先生の執刀で手術を受けることになった。

左背中の肋骨六本を切除する胸部成形手術である。一回目は秋も深まる十月三日。二回目は初冬のころの十月二十七日。今ほど医療技術が進んでいなかった戦後のこと、その成功率は１００％とはいかなかったようだ。幸い私の場合は順調に二回目の手術も終わった。一般病棟に運ばれ、三時間経過。「もう大丈夫ですよ」。藤野先生の力強い言葉に、付き添いの妻も安堵《あんど》の胸をなでおろし感謝した。

ところが、それから一時間経過した午後三時すぎのこと、急に呼吸困難に陥った。付き添っていた看護師さんが、異常な血圧低下に気付いた。この日の手術が終了したばか

旧参道の身代わり地蔵尊

りの藤野先生が手術着のまま飛んで来られる。先生の指揮の下、にわかに慌ただしくなったようだ。応援の先生方、看護師さんも必死で処置に当たられたとか。

私は、襲いかかる激痛で精神錯乱、幻覚状態に陥った。深い深い奈落の底に沈んでいく。そこは、六道輪廻《りんね》の地獄絵そのままの世界である。私の吸う息は、たちまち真紅の炎となって胸を焼く。意識は真っ暗な闇の中をさまよい、今にも消えてなくなりそう。

次の瞬間である。突然、大音響がさく裂したかと思うと、光の塊が落ちてきた。するとそれが金色に輝く地蔵菩薩《ぼさつ》の御姿となった。私をしっかりと受け止め、お地蔵様の右手に握られたするどい法剣で、私の背中をはっしと切りさかれた。胸隔にたまって心臓を圧迫していた血膿《ちうみ》が、どっと流れ出る。その瞬間である。私の魂は、死の世界から生還したのだ。

「松浦さん、松浦さん」と、藤野先生の声が遠くで聞こえる。おぼろ気に妻の顔も見えてくる。

奇跡であった。心肺停止五分間が生の限界だそうである。六道輪廻のあの世から、お地蔵様に導かれ、ぎりぎりのところを生還したという、私の体験である。

私が経験した地獄の苦しみは、決してあの世のことではないのだ。いや、私が見た地獄絵よりも、数倍悲惨な世界がこの世の姿ではないかと思われる。

人はみな平和を願っている。だのに絶えることのない戦乱。恐怖の核。地球環境の破壊。人の心の貧困。

今、胸いっぱい空気を吸うことのできるありがたさ、のどの乾きに冷たい水いっぱいを飲める幸せを感謝しなくては。そして、せっかく頂いた命を大切にしなくては。

今年のお盆も、先祖供養と三界万霊の廻向《えこう》を懇ろに行うことを私の勤めと思っている。

お茶の心

（平成18年9月30日付）


ジリジリするような暑い夏の日であった。

京都在住の岩知道公恵さんが、娘たちとともに汗をふきながら山寺へ来てくれた。墓参のために里帰りしたとのこと。

茶室に入ると彼女は娘たちに、ひざをそろえて座るように言いながら、「この方はね、お母さんのお茶の先生よ。お母さんの青春の原点は、このお寺にあるんだよ」と話した。

私の顔を珍しそうに眺めている女の子五人。岩知道さんは、福祉関係の仕事をしながらこの子らを育てた。ようやく下の娘にも手が掛からなくなり、久々の帰郷だ。

「さあ、おいしいお茶を頂いたから、お礼にお水屋の掃除をしようね」

先頭に立ってバケツに水をくんでくる母親について、女の子たちはそれぞれ言われたようによく動く。

私は感心して見ていた。かつて彼女が高校生のころ、土曜日の午後になると、一、二、三人の後輩を引き連れて山道を登って来た。お茶のけいこが終わると、部長の彼女は後輩を指図して、必ず水屋の掃除をしてから山を下りていった。

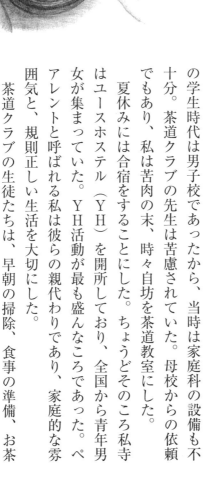

岩知道さんは、自分の青春時代にしてきたことを、今わが子に体験させようとしている。その姿は、生き生きとしている。たくましくもあれば、一本筋金が通っている。

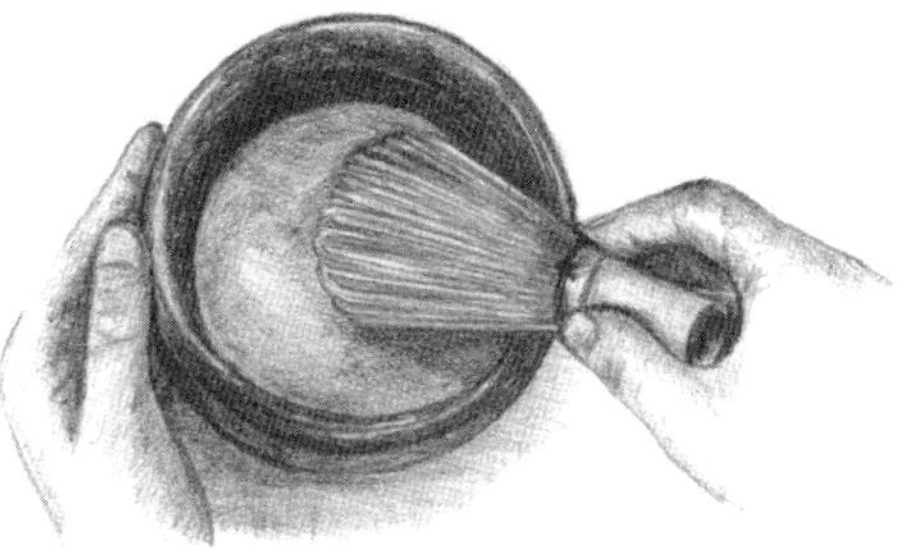

私が母校の三刀屋高校の茶道部講師として招かれたのは、昭和四十三年であった。私の学生時代は男子校であったから、当時は家庭科の設備も不十分。茶道クラブの先生は苦慮されていた。母校からの依頼でもあり、私は苦肉の末、時々自坊を茶道教室にした。

夏休みには合宿をすることにした。ちょうどそのころ私寺はユースホステル（ＹＨ）を開所しており、全国から青年男女が集まっていた。ＹＨ活動が最も盛んなころであった。ペアレントと呼ばれる私は彼らの親代わりであり、家庭的な雰囲気と、規則正しい生活を大切にした。

茶道クラブの生徒たちは、早朝の掃除、食事の準備、お茶のけいこ、後片付けをきちんとやった。お客にはホステラーたちが参加した。夕食の後のミーティングは、広々とした書院で、まず全員に抹茶を出す。みんなきちんと正座をしている。毎晩のように、当時中学生だったわが家の娘がお琴を弾いた。緊張のあとは、みんな車座になって、自己紹介やら、歌をうたう。全国を旅している若者の旅の話は茶道クラブの高校生には、魅力そのもののようだった。

大勢の中、ほとんどが大学生であったが、彼らは、茶道クラブの高校生たちが、生活の中での茶道に打ち込んでいる真摯《しんし》な姿に感動したようだ。ろくろくあいさつもせず、正座したこともない自分を恥じる場面が多々見受けられた。

茶道は、日本の美を結集したものである。が、本来特別なものでもない。日常茶飯事の中にお茶の気持ちが浸透してこその茶道である。日本人の心、と言いたい。

私は、岩知道さんの心の中に、お茶の精神を見せてもらい、岩知道さんの子らの成長が楽しみである。

絆の鐘

　秋の日は短い。掃き寄せた落ち葉に火を入れるころには、山陰は少しひんやりしてくる。

　鐘楼に登って夕べの鐘を撞《つ》く。竹やぶを透けて見える東の空が明るい。今夜は十三夜だという。鐘の余韻を聞きながら、たき火で暖をとり月の出を待つ。

　落ち葉をたき、酒をあたため、旅の若者たちと月見をした三十数年昔のことを思い出す。

　当時の峯寺には梵鐘《ぼんしょう》がなかった。この山寺のシンボルであった由緒ある古鐘

鐘楼堂

（平成18年11月18日付）

は、戦時中に供出の難にあい、失われたままであった。

今、朝に夕に鳴り渡る鐘が新しく鐘楼堂によみがえったのは、昭和四十七年の秋である。

ちょうどその前年の春のことである。峯寺が青少年の旅の宿として、ユースホステルを開所して間もなくであった。

ある一人旅の女性が山を登って来た。二十歳そこそこの彼女は、奈良の人で、村上みちこさんといった。

宿泊した若者たちが書き残してゆく「一期一会」というノートに彼女の一文がある。

私は、東洋医学を目指す鍼灸専門学校の学生です。ところがいろいろ悩みが私にふりかかり、悲しくてなりませんでした。ある日、すべてがいやになり、あてもなく電車に乗り旅に出ました。気がついてみると、峯寺の門前に立っていました。

（中略）

その夜は家族の皆さんと一緒に夕食をいただきました。お母さん（ペアレント）は、女一人の旅を不審に思われたのでしょうか、お茶に誘って下さいました。

（中略）

まるで自分の娘のように涙を浮かべて話を聞いて下さったお母さんでした。

私は、何もかもお話ししました。私は峯寺で三泊しました。本来の自分をとりもどした私の旅は、この峯寺で終わります。

彼女が山を下りていく際に、私に渡してくれた紙包みを、あとで開けてみて驚いた。

「峯寺の鐘楼に鐘がありませんでした。失礼ですが旅費の残りです。旅の若者たちの心を癒やす鐘を再建して下さい」

包みの中には五百円が入れてあった。

その後、彼女の善意は大きな反響を呼び、旅の若者たちの心が輪となって広がっていった。こうなると住職の私もじっとしてはおられない。寺の総代に相談し、梵鐘再建への方向が定まった。広く檀《だん》信徒の方々から浄財を仰ぎ、ついに翌年の秋には、峯寺昭和の鐘の落慶の運びとなった。

今、この山寺に足を運ぶ人々の手によって打ち鳴らされる鐘を、私は人と人との心を結ぶ「絆《きずな》の鐘」と心に刻み、朝に夕に合掌しつつ鐘を撞く日々である。

今宵、十三夜の月が煌々《こうこう》と昇りはじめた。落ち葉たく火をかきまぜながら、私は絆の鐘を命のかぎり鳴らし続けたい、としみじみ思った次第である。

平成19年〜平成20年

峯寺山門炎上

（平成19年1月6日付）

雲霧に煙る山腹から、立ち昇る火焔《かえん》を見た遠く木次辺りの人々は、峯寺は元日早朝から盛んな護摩が焚《た》かれる、と川土手に立って手を合わせたという。

昭和五十七年の元旦は、祝融《しゅくゆう》の異変で明けたのである。

庫裏の食堂で、大晦日《おおみそか》からの参籠《さんろう》者十数人とともに、寺族一同お屠蘇《とそ》を祝っていた。異変に気付いた時は既に遅く、山門の宿舎より出火した火は天井を吹き上げ、紅蓮《ぐれん》の炎となって中天を焦がしていた。

私は、降りかかる火の粉を払いながら、寺族や若い宿泊者を指揮した。通報に当たる者、池の水をバケツリレーし消火に当たる者。みんな必死だ。私は、庫裏の屋根に登って、火伏せの呪《じゅ》を称《とな》え、印を結ぶ。

通報して五分後には、けたたましいサイレンとともに消防車到着。ただちに地元消防団とともに本格的な消火作業が繰り広げられる。

統制のとれた目覚ましい活動によって、火勢は徐々に収まり、やがて鎮火した。

雑煮の祝いもそこそこに火事見舞いの列が続々と連なる。

本堂、庫裏に類焼しなかったことを神仏の加護による、と皆が失火を詫《わ》びる私を慰めてくださった。

一方、寺の総代の巨勢氏は、見舞いに駆けつけてくださった出雲の三斎流茶道家元の森山宗瑞宗匠を、書院広間に通されていた。

「お取り込みのところ恐縮ですが、こういう非常時だからこそ、皆さまに私が一点前差し上げましょう」と、威儀を正して釜の前に座られた宗匠。

折しも、はや火災の事後処理についての相談をされていた有志が席につく。微塵《みじん》のすきもない宗匠の点前は、戦国の古武士の姿を彷彿《ほうふつ》とさせ、火事場の混乱を鎮めるに十分と思われた。

焼失した山門は、松江藩二代綱近公が本願となり建立された、と棟札にあり、藁葺《わらぶ》き屋根の姿は中世の山城を偲《しの》ばせる貴重な文化遺産であったことなど、宗匠は惜しまれた。

私は、失火の責めをずしりと重く受け止めた。

列席の町長は「本年秋の島根国体に当たって、当町はソフト会場、町を挙げて諸準備整えています。特に当山は大会役員の宿舎をお願いし、山門には既に改築されて立派な

新しい山門

茶室もできていましたね。惜しいことでした」と嘆かれる。

が、その時、巨勢総代は「築三百年の建物は、傷みがはげしく、再建の時期にあった、と私は思います」と発言した。

◇　◇　◇

その年の秋、棟上げに金色の鴟尾《しび》輝く昭和の山門が落慶した。

国体の成功を祈り、町内外の関係者、檀《だん》信徒の総力結集によりわずか百日の工期で完成した山門。実に後世寺史に残る美しい姿である。

本年も一月二十一日、文化財防火デーで、市消防署地元消防団によって大々的に防火訓練が行われる。

肝に銘じて、文化財を守る重責を、新たにする年頭である。

痛恨

（平成19年2月17日付）

少年は通学途上、橋上の中ほどで足を止め、川の流れを見ていた。三刀屋川の清流を挟んで城跡に相対する高台に、白亜と見紛う母校の学舎《まなびや》が聳《そび》え立つ。この学校に通うのも後数日。三年間通った懐旧の日々を追想していた。と、突然あたりのしじまを破って銃声一発。猟犬に追われた野ウサギが城跡の麓《ふもと》から飛び出した。

川原に追いつめられた野ウサギは絶体絶命。身を翻して急流に飛び込んだ。浮きつ沈みつ、下流に流されていくウサギ。

少年は土手を駆け降り、川原を走った。

ウサギは辛うじて岸にたどりつき、少年の手に救いあげられ、瀕死《ひんし》の身を委ねた。その安らぎもつかの間、背後からのっそりと近付いて来た猟師は無言のまま、荒々しくウサギを奪って立ち去った。

少年は猟師を追ってウサギを助け出そうとあせったが、恐怖のまま足が動かなかった。

強者《つわもの》に立ち向かうことのできなかった弱者の少年は、後悔の念とともに孤独感に苛《さいな》まれた。

一個人の感傷など許されない異常な時代でもあった。

昭和十九年の初冬、学園閉鎖も間近に迫ったころのことである。

国家総動員令により戦列に繰り込まれた母校の生徒たちは、祖国の難に殉ぜんと学業に未練を残す暇もなく、学舎を後にした。

遠く名古屋航空機工場に級友八十六人を見送り、病弱故に休学、家庭療養に専念しつつ、名古屋の級友たちの無事を祈る日々であった。

本校の生徒たちが配属された工場は、空襲に次ぐ空襲によって多くの犠牲者とともに、教師一人、級友四人が修羅の巷《ちまた》に散っていった。

昭和十九年十二月より、二十年七月十六日までに被災すること三十八回。爆撃機千九百七十三機。死者八千七十六人。負傷者一万九十五人と当時の毎日新聞が報じている（一億の昭和史）。

恩師、級友の爆死の悲報が相次いで郷里にもたらされ、親族はじめ町中騒然となった。

やがて終戦。動員解除。復学してきた少年戦士たちを迎えた母校が民主教育を受け入れるのには、時間を要した。

死線を越したものの、敗戦により荒《すさ》んだ彼らが、残留の友に向ける目は厳しく、時には鉄拳が飛んだこともあった。

あれから六十年。国の平和を信じて散った童顔の少年たち。今、当時の記憶は日々薄れてゆく。

祖国の再建に汗を流した世代も老いた。

そして今、何一つ不足のない平和な日々となったはずだが。「物足り過ぎて心亡《ほろ》ぶ」と言いつつ時流に抗《あらが》しきれない現代の世情は？　物質偏重、教育の荒廃等々。毎日のように報じられる小中学生のいじめ、自殺の問題にはことのほか心が痛む。

一国の宰相が、美しい国、尊敬される日本に、と血を吐く如くに叫ばねばならぬほど、壊れてしまったわが日本か、と悲しみに堪えない。

チベットの高僧を迎えて

チベットの高僧、ローサンガンワン師を当山へ最初にお迎えしたのは、平成十五年（二〇〇三）六月であった。

師は、チベット密教のゲシェーハランパ（仏教博士最高位）であり、ダライラマ法王第一の弟子である。二十二歳の時、インドに亡命。法王の指示により南インド・ギュメ寺に赴き、後に三千人余の修行僧を擁するガンデン寺の管長に就任。

日本でのびっしり詰まった予定を割いて、この山寺へ毎年六月においでいただいている。今回で四回目。ご案内は、チベット密教の師として仰ぎ尊敬している大阪清風学園副校長の平岡宏一氏。そして今度もまた彼が通訳を務めてくださる。

最初に師は、本尊大日如来に拝布のカタをささげ三礼される。遠来のチベット高僧を、大日如来は慈眼を開き、微笑を浮かべてお迎えされたようにお見受けした。

それは、本堂に奉《まつ》る真言八祖のうちの二祖龍智三蔵がそのまま絵の中から抜け出されたかのごとき、尊いお姿として拝したのである。

（平成19年3月31日付）

山寺の夕暮れ、潅頂会《かんじょうえ》入堂の鐘が鳴る。家族連れ、若いカップル、中には遠来の密教研究の人々等、五十数人が参集。香水《こうずい》に身を清め、塗香《ずこう》を手にいただき、粛々と本堂に入る。

正面に大日如来、左側に潅頂の本尊ターラ菩薩《ぼさつ》の彩色豊かな画像が掛けられる。これは観音菩薩の化身と言われる。

宝前に潅頂檀《かんじょうだん》が設けられ、香花灯燭《とうしょく》、金色輝く法具の並ぶ前には、ひときわ目を引く華麗なるお供物の数々があった。子どもたちが目を輝かせて触ってみようとするのを母親がたしなめる風景も、ここではほほ笑ましい。

チベット密教で重要なものの一つにトルマ、すなわちお供物がある。前日、随行の活仏《かつぶつ》によるトルマ作製の作業を拝見させていただいた。庫裏の厨房を使って、サフランで着色した香湯を沸かす。米麦の粉にミルク、はちみつ、バター等々を大鉢の中で混ぜ合わせる。衣の袖をたくし上げ、たくましい活仏の腕で入念に練られる様は蕎麦《そば》をこねるのに似ている。

大きく丸められた団子は、本堂の脇部屋に運ばれて、トルマの形づくりの作業が始まる。数種類のヘラを持って、腕をまくり出した活仏の指先は、黙々と器用に動き続く。先程の団子は筍《たけのこ》状に、仏塔のようにと形づくられていく。さらに白赤青黄の絵の具を塗り、仕上がっていくその細やかさ、美しさはまさに芸術品である。いったいどれほどの時間を要したことか。

今、異国の高僧によって仏を賛嘆する陀羅尼《だらに》が唱えられている。師は菩薩の境界に住し、受者を悟りの道にお導きくださる。その師の言葉を平岡氏は丁寧に分かりやすく通訳され、法会は進行していく。

受者は、潅頂の聖水を頭に、口にはトルマの一片を師より頂く。ほんのり甘い味が口中に広がる。「めでたいな、めでたいな」と平岡氏は経典の一節を訳し、満場法悦にひたりながら、二時間にわたる潅頂会を終わった。

10代目「ポチ」

（平成19年5月19日付）

花の季節ともなるとポチも忙しくなる。山寺の春は訪れる人が多い。ポチは山門の辺りで待機している。お客の姿が見えると急にしっぽを振って、ちょっと腰を落とした低姿勢でお客様を玄関まで案内する。

まずこれがポチにとって、いや峯寺の一員として大事な仕事の一つである。お客は感心して、ポチの頭を撫《な》でようとなさる。ポチはさっと身を引いてしまう。別に恐れたわけではないが、これには深いわけがある。

人里離れたこの山寺には、私が少年のころから犬がいた。しかも、そのすべてが前身は野良公であり、代々「ポチ」を襲名している。名前は同じでも、それぞれどの犬にも個性があった。

さて、前述のポチに話を戻す。仮に十代目としておこう。ポチの母親はおなかに子を宿していたが、いつしか寺の犬になりすましていた。本堂の床下のずっと奥の方でクンクンと数匹の子犬の声がする。産まれたようだ。ところがどうしたものか、毎朝母犬は死んだ子犬をくわえて来ては縁の下に置く。「ん？　乳が出ないのか？」悲しそうな目を向けるが、黙って床下に入ってしまう。

そうしたある日の夕方、寺のお手伝さんについて母犬は山を下りた。ちょうど県道まで出た時だ。向こうから猛スピードで走って来たトラックにはねられてしまった。アッという間の出来事だった。床下には最後に残った一匹の子犬がクンクン鳴きながら母親を待っていた。呼んでも出て来ない。このままでは死んでしまう。ミルクを皿に入れて縁の下に置く。みんなが覗《のぞ》いている間は姿を見せない。誰もいなくなると、ヨチヨチ出て来てはミルクにありつく。

こうした育ち方をした十代目ポチには、不思議な性癖があった。どんなに腹が減っていても、人前では絶対食べない。また、親愛なる寺の家族にさえ、体に手を触れさせない。では、ポチはひねくれ者か？　そうではない。

ポチ

その証拠に食事が終わると、私たちの居間の床下に来て、まるで赤ん坊のような鳴き声でお礼の挨拶《あいさつ》をする。

昼間は来客の送り迎え。夜になると寺の周辺をぐるぐるパトロールして回る。実に健気《けなげ》によく働く。まさに「忠犬ポチ公」である。

ポチは、やっと目があいたころに母親と死別した。誰もいない本堂の床下でひとり大きくなった。愛されるということも、スキンシップされた経験もまったくないままに。寺の者たちから「ポチや、ポチや」と呼ばれても甘える術《すべ》を知らない。だのに、しっぽを振りながら、常に一線を引いているポチの姿から、なぜか謙虚な心がわれわれに伝わってくる。

世間に野良犬の姿を見なくなって久しい。従って山寺にすみつく野犬もいなくなった。現在、十数代目ポチがいる。これは峯寺にとって、最初の身元明らかな、登録された犬として登場した。先輩諸犬の苦労話を聞くにつけ、己れの安穏とした暮らしの日々を、ポチよ、何と思うかい？

茶味

（平成19年6月30日付）

昭和二十七年。そのころの京都は古都にふさわしい静寂の中にあった。本山仁和寺で修行中の私は、宗務総長の小川老師の自坊である栂尾高山寺に、時々お供を仰せつかった。

ちょうどその日は、八十八夜を過ぎたころであった。お茶摘みに来るように、と家内からの伝言だとのこと。新緑香る山紫水明の高山寺は、三尾の奥、鎌倉時代の清僧明恵上人の住坊であった。私が伺うころの境内は野猿が遊び、鳥の囀《さえず》る別天地であり、心洗われるお寺だった。

栄西禅師が宋より持ち帰られた茶の実を明恵上人に伝えられ、栂尾で栽培された。それが本朝お茶の発祥の地として今に至っている。名勝栂尾茶園は、そろいの高尾女姿の娘たちで華やいでいた。名園の茶摘みは京北山の風物詩である。夕刻、摘み終わった茶葉はすぐに宇治の茶園の手代さんが持ち帰る。

その半月後、奥さまから来るようにと伝えられた。高山寺での私の仕事はまず掃除だ。

開山堂、金堂が終わると、石交じりの参道だ。掃除の合間には、拝観客を茶園に案内する。これも仕事のうちだ。

こうして一日が終わろうとしたころ、「ご苦労さま、お茶にしましょう。宇治から届いた新茶が水屋にあるから、三客分いれてきなさい」。奥さまの言葉に、いつものように急須にお茶葉をいれ、湯を注ぎ、作法通りに天目台に載せて石水院の縁側に運ぶ。

奥さまと歓談中の客は、宇治の茶園の主人であった。「この人は出雲の不昧公ゆかりの峯寺さんよ。お茶のいれ方を教えてあげて」と、私を客に紹介しつつ奥さまは「あなたも相伴しなさい」とおっしゃった。なるほどこういうことだったのか。私は自分のいれた未熟なお茶が喉《のど》につまりそうになって恥いった。

茶園のご主人はゆっくりとお茶を口にしながら、「私は三十年もお茶屋をやっていますが、満足のいくお茶をいれることは今でも難しいです。十人がお茶をいれれば、十の味が出ます。時には幼い孫が無心にいれたお茶がおいしいと思うこともある。同じお茶でもいれる人によって上等のお茶の味にもなれば、下等にもなります。お茶ほど、奥の深いものはありませんよ」。

静かな目が私に向けられている。

奥さまは「ある人が利休にお茶の極意を尋ねると、自身で水を汲《く》み、薪《まき》をとり、湯を沸かし茶を点《た》て、まず仏に供える。人に施し、その後で自分も喫する。これはすべて祖師方の修行のあとを学ぶことである、と。寺に住む者が学ぶべきことではないでしょうか」。

お茶談義がはずむ。陽《ひ》が傾き、眼下の清滝川に鈴の音を転がすカジカの鳴きだすころ、客を送り、私も下山した。

古里のわが寺でも、季節になると麓《ふもと》の農家から新茶が供えられる。各家によって微妙に味が違うのも楽しい。出雲は茶どころだという。農家では厳しい労働の合間に、隣近所が集まって縁側でお茶を飲む。私も通りかかれば呼び止められる。漬物などつまみながら今年の茶の味を味わい、評定に話の花を咲かす。人を呼んではお茶ごとをする風習は、そのころの農村の人々の絆《きずな》を深め、活力のもととなっていたのではなかろうか。

それから半世紀。今農村に茶園が消えた。寂しい限りの昨今である。

庭園にて野点

終戦記念日を迎えて

（平成19年8月11日付）

庭の百日紅《さるすべり》の真紅の花が、今年も咲き初め、炎天に燃えている。終戦の日、八月十五日。あれから六十二年目の夏が来た。忌まわしい戦争。特攻隊の学徒たちは、祖国の不滅を信じ、南溟《なんめい》の空に散華して逝った。百日紅は慰霊の花である。戦局は日ごとに激烈を極め、私たち動員学徒が目指した名古屋航空機工場も大半が壊滅。恩師一人、旧友四人爆死の悲報。十六歳の命を死に追いやった戦争もやがて敗戦となる。

当時、わが家に身寄りのない一人の老婦人が同居していた。それは終戦ひと月ほど前のことであった。額に深い皺《しわ》を刻み、地に這《は》うほどに曲がった腰を両手で支えながら、訪れた村役場の方面委員（現在の民生委員）を前におばばが毅然《きぜん》として立ちはだかっている。

「天皇陛下さんも早いこと頭を下げさっしゃらええ。そうすればこげな難儀な目せんでもええに」

老女の身元調査に来た方面委員に向かって老女は言い放った。方面委員はもとより、母も私も青くなった。戦争反対など言おうものなら憲兵にしょっぴかれる。まして「陛下うんぬん」など口が裂けても言ってはならぬことだった。

「このばばは頭病です。こらえてください」。母は必死になって床に頭をすりつけて許しを乞《こ》うた。方面委員は、私に後日役場に来るようにと言い憤然として去った。

「この時節、自分はお寺で大事に養ってもらっている。もったいないことだ。困っている人はほかになんぼでもおられるから、その人たちをもっと助けてあげさっしゃい」。これが老婦人の言い分であり、わずかな見舞金も辞退したのである。逆境にめげず、上を

百日紅の花

恐れぬすごい反骨精神に驚いたものだ。

当時わが家は、母と妹、私の中に孤独なこの老婦人を母が引き取り、家族同様に暮らしていた。この老婦人は、結婚に四回もつまずいている。夫と死別等の理由で、ついには自らの戻るべき居場所も失った。身は細り、極度に曲がった腰、その歩く姿はとても六十代とは見えない。

しかしわが家にとっては、決して厄介者ではなかった。都会育ちの母に代わって山畑で野菜を作る。石くれの庭を掘り起こして、大豆の栽培など、食糧難を乗り切るのに農家育ちの彼女の働きは大変なものだった。

戦争中の塩不足は深刻であった。近所の農家では大社の浜まで海水を汲《く》みに行った。わが家ではとてもまねのできることではなかった。

その時、漬物小屋に古い漬物桶《おけ》が並んでいた。捨てても惜しくないような古い糠《ぬか》の上水を漉《こ》して一升瓶に詰める。醤油《しょうゆ》代わりに使うというのだ。「まだまだ工夫すれば、二、三年は大丈夫だよ」と、これまで飢餓に耐え抜いてきた老婦人の知恵とたくましさに、私たち家族はどれほど助けられ、ありがたく思ったことか。

そして、八月十五日を迎えた。「陛下さんは、戦をおさめさっしゃった。ありがたいことだ」。老婦人は涙を流して合掌し、山寺に平和が訪れたことを心から喜んだ。その後、役場から音沙汰《おとさた》なし。戦後六十年余、時代は大きく変わった。私も老境に入った。終戦の日を偲《しの》び、早暁に慰霊の鐘を撞《つ》く。庭の草を引きながら感謝の日々である。冥界のおばば。今の世情をあなたは、どのように眺めているかね。現今の物のあふれた豊かさなど、おばばにとっては、何の価値もないだろうね。　合掌

30年ぶりの再会

（平成19年9月22日付）

暗くした書院の床の前で、行灯《あんどん》の火がゆらめく中、私と妻は立っている。東京から来た新倉君が丈三十センチほどの備前の壷《つぼ》を恭しく私たちの前に置く。見ると壷のそばには白い手袋と銀色のナイフがある。

驚いている二人に新倉君は一礼。「私たち峯寺ＹＨ（ユースホステル）仲間にとって、父さん、母さんが元気でこれまで重ねて来られた尊い年輪に対して祝福します。実はこれ、今話題のバウムクーヘンです。どうぞ入刀を」。一斉の拍手の中、一瞬戸惑った。戦後間もなく、ない物づくしで結婚したわれわれに、今このようなセレモニーがあろうとは。恐る恐る白い手袋をはめ、二人は手を重ねてナイフを握る…。これは、今夏七月二十八日の夜、峯寺における感激的シーンのひとこまであった。

私たち夫婦が元気なうちに「峯寺へ集まろう」という機運が、東京周辺に住む元ホステラーたちの間で高まり始めたのが三月初旬ごろとか。そして、七月二十八日から三十日まで「峯寺ＹＨ再会の会」が企画され、実現することとなった。全国から十八人が参加するという。残念ながら参加できない、という人たちから毎日のようにメールやら電話があり、私たちの懐旧の情をそそりたてる。

最初から企画し、窓口となった千葉の高橋さんら数人は、準備のためということで二十七日から来山。いよいよみんなが集まる当日となった。YHを閉館して以来、三十年ぶりの再会だ。やがて汗だくだくで三々五々、「ただいまァ」と玄関に入ってくる元ホステラーたち。思わず「お帰り！！」と双方から肩を抱き合って、しばらく言葉もない。

峯寺山麓には高速道が走り、かつての田園風景の様変わりに驚いたという。しかし、峯寺は「昔のままの存在だった」と、オジさん、オバさんたちは涙して喜んでくれた。

何はともあれ、峯寺の精進料理でもてなす。当時十五歳の少女だった星野さんは、みんなのアイドル的存在だった。今や彼女は峯寺の膳部《ぜんぶ》の主任格。一同、驚きとともに彼女の味付けに舌鼓を打った。

その夜のミーティングは、まさに三十年前の風情そのままを再現した。当時、毎晩のように旅の若者のために弾いていた琴を、これもオバさんになった娘が奏でる。広間の所々に置いた行灯の明かりに浮かぶそれぞれの顔には、三十年の年輪が刻まれている。

お茶のお点前が始まる。おのずとみんな正座する。抹茶を啜《すす》るわずかな音が、琴の音の合間に聞こえる静寂なひとときである。あとは車座となって、お互いの近況やら、今日まで歩んできた人生について語る。

このような情景の中にいて不思議な思いに駆り立てられた。今ここに集まった十八人すべてが、峯寺ＹＨで同宿したわけではない。今回、初めて出会ったという人もかなりある。また、一部を除いては年賀状のやりとり程度で、三十年来初めて峯寺を訪ねた、という者もいる。それぞれの職業もさまざまだ。

にもかかわらず、三十年という時の隔たりがまったく感じられない仲間同士なのだ。そして、青春時代の熱き思いを失わず、志高く生きることに努力してきたという共通点が見受けられることに驚いた。

彼らは私たちの年輪の厚みを祝ってくれた。私たちもまた、今後彼らが刻み重ねていく人生の年輪に幸多かれと祈らずにいられない。

夫婦でケーキ入刀

老もまた好し

（平成19年11月11日付）

金木犀《きんもくせい》の馥郁《ふくいく》とした香りが、そこはかとなく流れてくる。残暑に疲れた老体は、ようやく癒やされる思いであった。そのころのある日、麓《ふもと》に住む一人暮らしの老婦人今川光栄さんが寺参りに登って来た。

境内には長年にわたって彼女が植えた四季の花が所々に咲く。堂前のコスモスに、茶室周辺に咲く可憐《かれん》な秋海棠《しゅうかいどう》に「きれい、きれい」「かわいこちゃんだね」と語り掛けながら、ゆっくり見回っている。背をかがめ、無心に花々と交流している今川さんの姿は絵であった。

六十年前、私が茶道の師匠として許された最初の弟子が彼女であった。戦後間もないころ、お茶を習うなど珍しいことだった。「えんげ（院家）さんが、教えてごさいけん」というので、山麓の農家の娘たち四、五人に交じって、当時若嫁さんの今川さんは熱心に通って来たものだ。

雑巾《ぞうきん》がけ、茶の湯をわかす、炭をおこす。炉に釜を掛け、花を活《い》ける。万事整って茶室に入る。袱紗《ふくさ》さばきの稽古《けいこ》から始まる。ぴんと張り詰めた練習が終わると、はや昼近い。時には母の手料理で、みんな一緒に食事の卓を囲むこともあった。

さて、堂内の諸仏から庭の地蔵さんに至るまで手を合わせ、花々への語り掛けも済ませた今川さんは、玄関に入ると「ドッコイショ」と背中のリュックをドサッと下ろす。「仏様に供えて」と私に合掌する。サツマイモ、カボチャなど自作の野菜が転げ出る。腰の曲がった今川さんは床にぺたっと座り込む。「ごえんげさん、昔お茶を習ったおかげで正座ができます」と、背筋を伸ばしてみせながら呵々《かか》大笑。お茶を一服供する。「もったいない」と茶碗をおしいただいて、おいしそうに茶をすする。

今から寺の墓参りしてから帰ると座を立つ。元気とはいえ、腰の曲がった彼女の足元は心もとない。心配になって後を追った。観音堂の前を通り抜け、大木の茂る寺墓への参道でしゃがんで何やら口ずさんでいる今川さん。「どんぐりコロコロどんぶりこ」と歌いながら無心にド

ングリを拾っている。ふと私に気づいて「あーら、えんげさん」と腰を伸ばし、またしても呵々と笑う。

西山の空が真っ赤に燃えている。「ドッコイショ」と彼女は地べたに座る。私も座った。「夕焼け小焼けで日が暮れて、山のお寺の鐘が鳴る」。彼女にリードされながら私も歌った。

この童心を失わぬ老婦人がよく川柳を作る。世の中を冗句で笑い飛ばす腕前に驚く。また、なかなかおしゃれでもある。時に赤いマフラーに帽子というういでたちはかわいらしい。私は「西の山がきれいだね。阿弥陀《あみだ》様のお浄土だよ。そろそろ行こうか」と、手を差し伸べる。つかまり立ちした今川さんは、深々と頭を下げた。

亡夫の話をする時は涙ぐむ。子どものなかった夫婦は、端から見ても仲が良かった。十七回忌も近いという。先代は、峯寺の納所であった。亡夫圭一さんは、子どものころから寺で育ったも同然で、私はよく遊んでもらった。一人暮らしをエンジョイしているかのように見える彼女を支えているのは、心の中に亡夫が生き続けているかららしい。

日脚が短い。送るから、と言っても気丈に一人下山していく彼女の足音が消えるまで私は立っていた。

弥山と私

（平成20年1月6日付）

自坊の裏山から弥山《みせん》まで、一・五キロの急坂が続く。当時、納所を務めていた今川亀之助おじさんは、幼い私を連れて山道をたどって行く。

正月に弥山に登るのは、寺の行事であった。父は病床にあり、私は父の代参ということで連れて行かれたらしい。

標高三〇〇メートル。頂上の三角点には、古びた一体の石地蔵が遥《はる》か東方の大山の方を向いて立っていた。今川おじさんは、途中で手折った小松の枝を地蔵の前に立てる。背筋を伸ばしたおじさんは、北西の方角を指す。

「小坊《こぼ》さん、あの一番高い山が大社の弥山だじね。その麓《ふもと》に出雲大社の大神さんがおられます」。遥かに望む北山山地の西の果てには、かすかに霞《かす》む海が見える。その雄大な景色は子ども心をときめかせた。

今川おじさんは、私を促し大社さんに向かってかしわ手を打って礼拝した。「昔から、峯寺に参った遍路たちは、ここまで登って大社さんを拝んだもんだよ」。私は四方に目をやりながら、「あれはどこ？　あそこは？」と質問する。西南方向の中国山地の雪嶺が、冬日に輝いて美しい。「あの山の向こうは安芸の国というところだよ」「あっちの山は三瓶山」。そのうちおじさんの話は、遠い昔の出雲神話へと遡《さかのぼ》っていく。

「あの辺りでね。大国主命が生まれなさったげな。大きくなられた命《みこと》様は、今、小坊さんが立っているここから、四方を眺めながら出雲の国造りを考えられたそうだよ」と、足下に広がる熊谷、給下原を指す。さらに白く光って見える斐伊川の流れに目を移すと、話はますます佳境に入り、八岐のおろち伝説へと発展する。幼い私は、古代のロマンに心揺さぶられながら聞いていた。

長々と話してくれた今川おじさんは、さらにつけ加えた。「小坊さんが大きくなっていかっしゃる間には、難儀なこともある。困ったときにはね、この山に登って胸を張ってね。大きな息をしてみなはい」。正月の山頂は、風が冷たく身に染みる。今川おじさんは、話にひと区切りつけると、「さあ」と、私の背中を押してくれて下山の途に就いた。

かねて病床にあった父は、その年（昭和十一年）二月十五日、四十六歳の若さで遷化《せんげ》した。私は十歳であった。正月に私を連れて弥山参りをした今川おじさんの胸の中には、

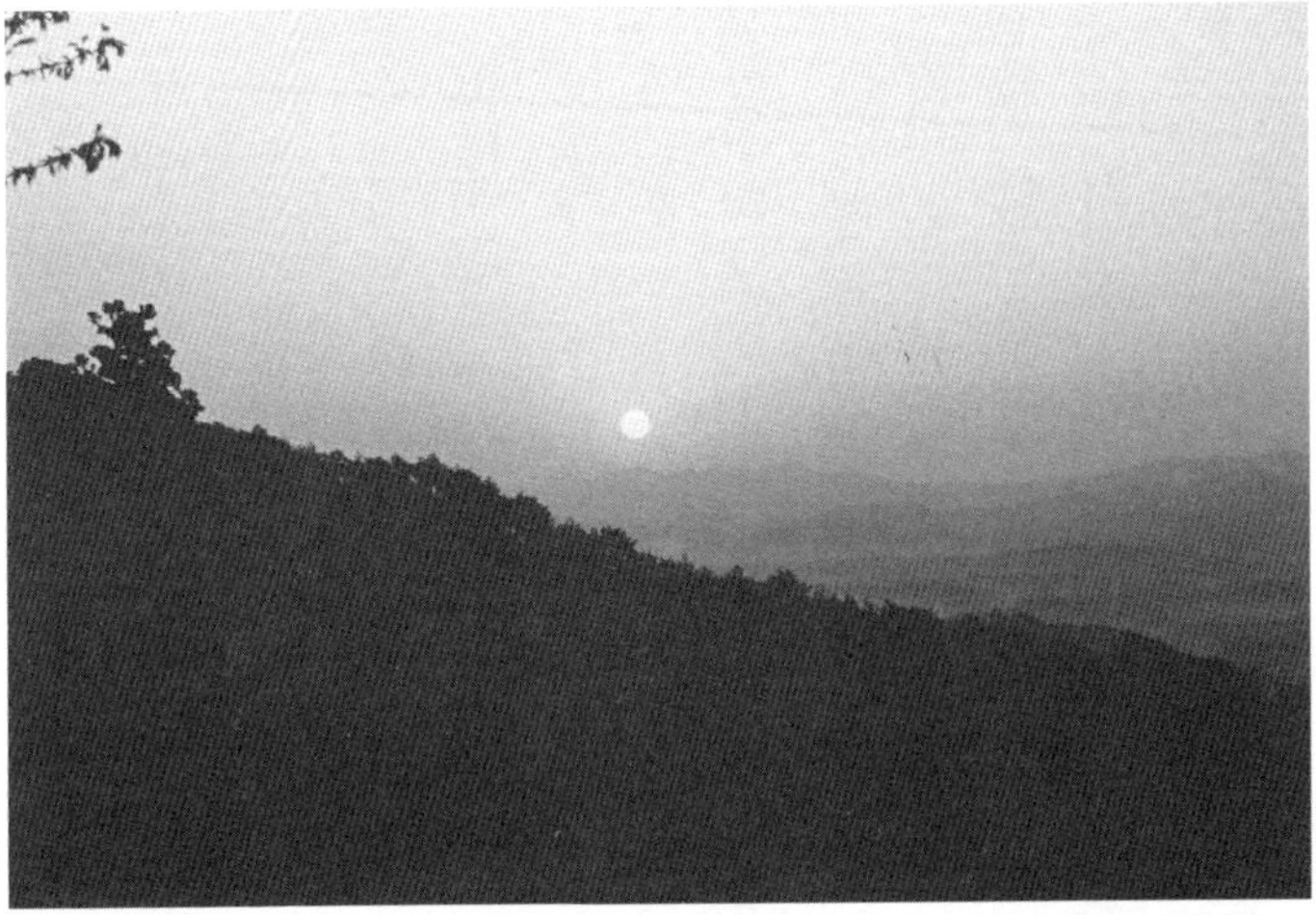

弥山から望む朝日

父の余命いくばくもないことを予期していたのかもしれない。

少年のころに父を亡くした私は、小僧の肩にはあまりにも重い荷を負わされることとなった。「困ったときには、弥山に登って大きく息を吸いなさい」と、熱のこもったおじさんの言葉を忘れなかった。

私は今日に至るまで、どれだけ弥山に登ったことか。山頂を吹く風の音の中に、いつでも今川おじさんの「小坊さん、大きな息を吸って」と言う声を聞いているのである。

冬の夜の電話

（平成20年2月24日付）

山寺の冬は厳しい。老妻と居間の炬燵《こたつ》にはまり、年賀状の整理をしていた。多くの交友の誰彼を追憶しながら、寒夜は更けていく。

電話が鳴った。受話器を取った妻は、何か戸惑っている。「大阪のMという人、知っていますか?」「ん?」一瞬、分からなかった。「切りましょうか」。近ごろ、迷惑電話というのがよくある。「あ一寸待《ちょっと》て」ひょっとして、と私の脳裏をよぎるものがあった。妻の手から奪うように受話器を取った。

「もしもし、和尚さんですか。六十年前にお世話になったMです。覚えておられますか」「ああ、やっぱりM君だったか。忘れるものかね」。俄《にわか》に胸に迫るものを感じながら、受話器の向こうとこちらで、お互いの声が上ずってくる。

「ごめんなさい。今ごろ、突然電話をして。私は、古希を迎えました。お兄さんと呼んでいいですか。私の目に浮かぶのは、峯寺で暮らした半年。短い間でしたが、お兄さんと、お母さんと、お手伝いのお婆《ばあ》さんの四人家族でしたね」。彼は当時、十歳の少年だった。「そうだ、君は私をお兄さんと呼んでいたね」

M少年の親代わりであった母は、平成二年、九十六歳の天寿を全うしたこと、現在の家族の様子など話しているうちに、彼を交えて暮らしたころのことがだんだん蘇《よみがえ》ってくる。

M少年が里子としてわが家にやって来たのは、昭和二十七年の初秋のころであった。ハンセン病の父を持ち、韓国籍という特殊な事情のある少年だった。私は、本山仁和寺で三年の行を終え、さらに一年間、児童布教実修のため、山口市内で児童養護施設のある寺へ派遣された。そして、ようやく自坊に帰ったばかりのころであった。福祉の経験があるからということで、県からの依頼であった。

当時、ハンセン病は、不治の病と

筆者

され、夫婦、親子といえども罹《り》病した者は離れ離れにされ、瀬戸内海の孤島へと隔離された。M少年と彼の両親もそうであった。映画「砂の器」の場面が、私は今も脳裏に焼き付いている。やっと今、ハンセン病は感染しない病気であることが医学的に判明し、国家としての対応も改善された。罹病した人たちが日の当たる世の中を歩けるようになったのは、ごく最近になってからのことである。

地獄絵から抜け出したようなM少年の心は、悲しさ、寂しさ、不安におびえていた。迎え入れた私たちは何とか彼の心の支えになりたいと願った。戦後の貧しさの中で肩を寄せ合っての暮らしだった。「峯寺での半年間は、とても幸せでした。二階の部屋に蚊帳をつって、お兄さんと一緒に寝たことなど忘れません」。電話の声は続く。わずか半年。私は修学時代の無理から、結核を発病し、長期入院を余儀なくされることとなった。やっと安住を得た矢先、M少年は再び寂しく去っていった。

あれから六十年。M少年こと、M氏の話は続く。今、大阪で妻子とともに幸せに暮らしているという。「懐かしくてね」と。やっと天下晴れての気持ちを伝えてくれたのだ。私の胸の奥の痛恨の思いも、冬の夜の電話によって、ようやく晴れていく心地がした。

烏のこと

（平成20年4月13日付）

春は曙。

万山に響けと早暁の鐘を打つ。すると、今朝も裏山からいつものようにの烏《からす》のつがいが舞い降りて本堂の棟瓦の上に羽を休める。

私が「カア」と呼び掛けると、「カア」と答えるから、面白くもあれば実にかわいい。

副住職が京都・醍醐寺主催の大峰奥駈修行に参加して三回目の修行成満。無事帰山して旅装を解いたのが、平成十七年七月二十二日であった。

その翌朝、私は日課の鐘をつきながらふと見上げた本堂の棟瓦の上に二羽の烏が止まっていた。一瞬、私の脳裏に熊野の八咫《やた》の烏の幻影がよぎった。

あれ？　お前ら副住職を追っかけてきたのかい？　われながら妙なことを描いたものだと苦笑いもした。とにかく、彼らとの絆《きずな》はこの時から始まる。

そもそも大峰奥駈とは千三百年の昔、役行者《えんのぎょうじゃ》によって開かれた吉野から熊野（本宮大社証誠殿）までの約百八十キロの修行道のことをいう。日本古来の自然崇拝に基づき、神・

儒・仏を融合して成立した修験道霊場であり、道中七十五カ所の靡《なびき》といわれる霊場を巡拝する、実に厳しい道程の修行道場である。

平成十六年（二〇〇四）には、世界遺産として紀州山地一帯の霊場と参道が登録された。

さて、烏といえば神武東征の折、先達の功により八咫の称号を得た烏がある。また、日本各地に熊野信仰が伝道される一役を果たしたのも烏の働きであった。

八咫の烏の祖は、渡来系の豪族鴨氏とも言われ、役行者もまた鴨氏と伝える。

中国で言う金烏玉兎。太陽の烏、月の兎。烏は世界の原始宗教に太陽神として登場する。

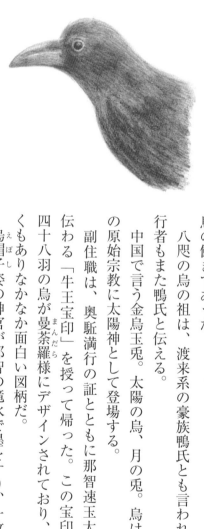

副住職は、奥駈満行の証とともに那智速玉大社に伝わる「牛王宝印」を授って帰った。この宝印には四十八羽の烏が曼荼羅《まんだら》様にデザインされており、珍しくもありなかなか面白い図柄だ。

烏帽子《えぼし》姿の神官が那智の滝水で墨をすり、一枚ずつ版木によって刷り上げたものと聞く。かつては日本第一熊野牛王誓紙（神に誓って約束事をするときに交わした）として、山伏等が全国に配布したという由緒ある宝印である。四十八羽の烏は、蔵王権現の化身であり、烏天狗として役行者開基の霊場に伝えられ、さまざまな天狗伝説を生んだというのもうなずけてくる。

さて、朝ごとに姿を見せるようになって久しい烏のつがい。私は格別親しみを感じている。

とかく、悪賢くて、いたずら者だと人間から疎んじられている烏だ。しかし、かつては烏とはいえ、神の化身として仰がれた霊鳥だ。もともと英知にたけた賢い頭脳の持ち主である。人間が不条理なことをすれば、こらしめるために罰も与えるだろう。

烏に肩を持つ私に非難もあろうが、私は彼らと友達だ。鐘をつけば飛んでくる。散歩をすれば、後に先にと飛び交う二羽の烏は、私にとって八咫の烏と同じに思えるのである。

行脚の功徳

神仏霊場合同祭事をはじめ、多彩な春の行事も一段落した。静かさを取り戻した山寺では、お参りの人々を緑陰に誘い一服のお茶を接待する。これも山僧の務めである。

先日、一見初老の参拝者があり、請われるまま寺の由緒など語っているうちに話が弾んできた。聞けば、大阪ウオーキング協会に所属して二十年のキャリアを持つベテラン会員であった。

かつて出雲神話八岐大蛇《やまたのおろち》ウオーキングに参加し、斐伊川源流船通山から下流域まで三泊四日をかけて踏破したという。神話の原点に触れたとの体験談は熱がこもっていた。ほかにも紀伊山地参詣道、四国八十八カ所巡礼道等々、いずれも信仰につながる道程について幅広い見識をもってのお話は誠に興味深く、心を打たれるものがあった。

出雲の国の神様と仏様をめぐる出雲國神仏霊場は、平成十七年四月二十三日に開創、出雲大社において第一回合同祭事世界平和祈願祭が行われ、併せて霊場と霊場をつなぐ行脚を行うこととなった。

（平成20年6月1日付）

第一回には、比叡山延暦寺から千日回峰行者の光永覚道大阿闍梨《あじゃり》を先達に拝請した。千日回峰行とは、千日の間、山野を駆けわたり神社仏閣を巡る命懸けの荒行である。

合同祭事当日の朝、日御碕神社を出発。風光明媚《めいび》な海沿いの道を、古代大社《おおやしろ》創建の昔に思いをはせながら出雲大社に到着。祭典に参席の後、第二番鰐淵寺までの険しい修行道をたどる。息を切らしつつも、六根清浄を唱えながら、大阿闍梨とともに歩く法縁の功徳を一身に感じるものである。

第二回は平成十八年四月、十一番清水寺より十二番雲樹寺を経て十三番平濱八幡宮武内神社へ。今回も先達に光永大阿闍梨をお迎えし、奈良時代に国分寺が創建された豊かなる意宇の里道をたどり、目的地へ向かう。

第三回は昨年十月六日朝、第七番華蔵寺に集結。枕木山頂に立てば、眼下に中海・弓ケ浜、その向こうには雄峰大山を望むことができる。国引き神話の神業が実感できたであろう。また、北山古道をたどりながら北浦へ下山。浦々に静かにたたずむ古社を拝し、諸手船神事等が今も伝承される島根半島の東端第八番美保神社に参着。この時は峯寺山伏四人が先達を務めた。

四回目となる今年四月は、第十七番峯寺より第十六番須我神社まで。須佐之男命が八岐大蛇を退治した後、稲田姫と手を携えて須賀の地に至ったという奥出雲神話の道を行脚した。

このたびは大和大峯山龍泉寺より岡田山主を先達に迎え、修験の聖火を御奉持いただき、行脚成満《じょうまん》後の須我神社において柴燈《さいとう》護摩供養の導師もお務めいただいた。神前に修験道の護摩を奉献することは合同祭事ならではの稀有《けう》のことである。行脚参加者も随喜し、勇壮なる炎の祭典に熱祷《ねっとう》をささげた。出雲國を巡る行脚参加者の目線に沿って展開する神話の風光を追ってみた。

この行脚は、混沌《こんとん》とした現代を生きる人々の心を癒やし、大自然の生命力に生かされている自分の命の尊さに目覚め、生きる勇気を与えたことと信じている。

峯寺から須我神社に向かう行脚の一行

昭和の時代　山寺に生きて

（平成20年7月20日付）

今年も間もなく終戦記念日、八月十五日を迎える。その日陛下の玉音放送に、日本国中、山河草木、生きとし生けるもの皆泣いた日。あれから六十三年。そのころの遠い過去の記憶をたどってみよう。

敗戦は決定的。一億総動員発令。郷土防衛隊が組織された。本土決戦最後の砦《とりで》として、寺の境内では、鉢巻き姿もりりしい婦人隊の竹やり訓練が行われていた。戦う姿が何とも頼もしくもあり、むなしさも感じたものである。

私が動員学徒として行く予定であった名古屋航空機工場はすでに壊滅。先発の学友四十人も、全員爆死との誤報が伝えられるほど、事態は切迫していた。したがって、行く先を失った私たちは、隣町にある紙会社の敷地造成のための土木作業に級友四十人とともに自宅から通勤、汗を流す毎日であった。

盆休みがもらえて、十三日の夜は級友五人と境内にこもって、「会津白虎隊のように戦って死ぬるんだ」と、土蔵の刀箱から道中脇差しを取り出して切腹のまねをするなど、

旧参道の仁王門

大人たちの苦労をよそにまだまだ無邪気な中学二年生であった。
しかし、終戦の日を境に、何もかも一変した。皇国史観で育った軍国少年も、戸惑いながらも民主教育の道を歩むこととなる。戦勝祈願の社寺参拝もむなしく、敗戦で神も仏もあるものかと、自暴自棄になった人々。氏神様に背を向ける者まで出てくる始末。先の見えぬ暗い世相であった。また、農地解放は寺院の維持に大きな打撃を与えた。
父は昭和十一年に亡くなり、若くして未亡人となった母。さらに悪いことに、昭和十五年と十八年には、跡継ぎとなる予定だった二人の兄も結核にかかり、相次いで死去。そんな中で終戦を迎えた私たち家族は、わずかに残された山林収入を頼りに、貧しい生活を続ける。母は寺の蔵にある寝具、食器などあるものすべて取り出し、一泊研修の宿に庫裏、本堂をすべて開放した。

私は住職の資格を得るために、苦学の道を進むこととなり、京都本山仁和寺に寄宿。働きながら宗門大学を何とか卒業し、母が一人待ちわびる山寺に帰山したのは、昭和二十七年の春であった。

その翌年の晩秋のころ、めったにお参りのない観音様に手を合わす、一見風流人とおぼしき人を母は呼びとめ、庭園に通してお抹茶を差し上げた。その方こそ、私のお茶の師である出雲観翠庵家元、森山祥山宗匠であった。

修学の疲れから体を壊し、養生中の私にいたく同情され、お茶の入門の許可をいただき、それから二十年、家元に参庵《さんあん》研さんを積む日々であった。茶祖千利休は、一碗のお茶で天下人、諸大名を魅了した。茶道は万事に通じていて、実に広く奥深い。このお茶との出合いが、後の私の寺院経営にずいぶん役立つことになる。

昭和四十六年には、母の行ってきた一泊研修も参考となり、ユースホステルを開設。二年後、ペアレントの一員としてヨーロッパホステリングに参加した折には、日本の茶道を紹介する機会を得たことも思い出される。デンマークの農業、ルクセンブルクの社会福祉、英国の王室歴史遺産、スイスの環境保全、西ドイツの青少年育成…学ぶものが多かった。また、そのころのフランスは食料自給自足の農業国であった。かつての日本もそうであったように。

昭和から平成へと替わって二十年。豊かさに引き換え、今日の日本の食料事情を考えると、寒心に堪えない。美田は失われ、里山は荒廃、ふるさと喪失、棄農の時代を迎えた。戦争は二度と起こしてはならないが、そのころに私たちが培ってきた自然に対する畏《い》敬《けい》の念、感謝の心を忘れてはならないと思う昨今である。

チベット高僧とポチ

（平成20年9月7日付）

夏の朝は早い。私（ポチ）は玄関に座って異国チベットの高僧を待つ。やがて弟子を従えて、黄色い下衣の上には臙脂色《えんじいろ》の衣《ころも》をお召しになった高僧がお出ましになり、境内の散歩のお供をするのが私の一日の始まりである。

まず観音堂に礼拝。観音菩薩は、化身となってダライ・ラマ法王という人間の姿に変えて衆生を救ってくださる菩薩様。故にチベット人にとって観音菩薩はとても重要な菩薩である。

さらに歩を進めると、東南に中国山脈を望む山荘の展望台にたどり着く。高僧は東方に昇る日の出を深々と合掌礼拝。そして滝道をたどり、道すがら「汝《なんじ》の前世はヤクかな」と、毛深い私の背を撫でながら、続けて「私はヤクの乳によって育てられた」と、遥かなる母国チベットを偲《しの》びながら、つぶやかれた。

高僧が峯寺に初めておいでになったのは、平成八年（一九九六）のことである。以来、五回にわたって来山、チベット灌頂会《かんじょうえ》を開かれ、受者・僧俗延べ三百有余人が入壇し、灌頂に浴した。そして、そのたびに私も灌頂会を魔から守る大事な役割を務めることとなった。

灌頂の内容については当日、東京よりお越しいただいた、チベット研究の第一人者、石濱裕美子早稲田大教授が、ご自身のブログに書き留めておられたものを引用させていただき、ここに紹介する。

まず、峯寺の御住職により、今回の蜂起で亡くなられたチベット人の方々の追悼法要が営まれる。そして、五時から九時までダーキニーの灌頂が行われた。鳥の声と蝉《せみ》時雨の喧噪《けんそう》は日没とともに静まり、やがてあたりは真っ暗となった。本堂はまるで宇宙空間に浮かんでいるよう。ときたまチョウやアブが入り込んでくる以外、静かな山の寺の法要である。先生はダーキニー尊（仏の知恵を象徴）を自らの中に生起して、その力を我々に授けてくださる。ダーキニー尊のイメージを鮮明に描ければ描けるほど、祝福を授かるとされている。灌頂が終わると、借りていた土地をその土地の神様にお返しする。そして法要で用いた供物をさまざまな妖魔に下げ渡して灌頂を邪魔しなかった褒美とする。

最後にチベット高僧から、「この寺は、生きとし生けるものすべてを大事に、仏様の慈悲をいただけるありがたいお寺です。この寺に参りますと、長年の労苦から癒やされ、私自身安らぎをいただきました。私は前世からこの寺の本尊大日如来様と御縁をいただき、その宿縁により灌頂会を成満することができました。皆さんはこの寺を大事に守って、ますますお寺が発展することを祈ります」とありがたいお言葉をいただいた。

灌頂会の締めくくりとして、ラマ僧による本尊をたたえる厳かな声明が唱えられた。神秘体験に高揚した受者たちは、退堂される高僧に合掌し、はるばるインドより来日され、そしてまた去っていかれる、高僧との別離を惜しみながら下山された。

鐘をつくチベット高僧・ガンワン先生

そして別れの朝、高僧はおもむろに、境内にある放生池《ほうじょういけ》の小魚の群れに供物を施しながら、仏の慈悲が虫魚にまでも及ぶよう、陀羅尼《だらに》をお唱えになった。また、私（ポチ）にも褒美の供物をいただいた。「ポチよ、汝は過去世の先祖の功徳により、菩薩がこの寺を守るために遣《つか》わされたのだ。来世もまた良きところに生まれるであろう」とおっしゃったような気がした。

常々お寺の和尚は、「来る人に安らぎを、去り行く人に幸せを」と教えられ、それを生きがいにお参りの方々から「ポチ」とかわいがられ、幸せな毎日である。ただ現今の世相をみるに、来世を人間に生まれることが果たして望ましいことであろうか、少々恐ろしい気がする。

秘仏観音　祈りの旅

（平成20年10月26日付）

先般、奈良国立博物館で催されていた西国三十三カ所観音霊場中興の祖、花山法皇百年忌特別展を拝観した。島根県立古代出雲歴史博物館で開催中の企画展「秘仏への旅～出雲・石見の観音霊場」に先立って参観の機会を得たことは望外の幸せである。普通の美術展とは違い、めったに拝めない秘仏に会えるご縁を喜ぶ善男善女でにぎわっていた。

ボランティアガイドとおぼしきご老人は、会場壁面いっぱいに大写された観音経の解説に力がこもる。「彼《ひ》所《しょ》執《しゅう》刀《とう》杖《じょう》尋《じん》段《だん》段《だん》壊《ね》」―刀杖の難に遭っても、一心に観音様を念ずれば、即時に助けてくださる。

今、NHKの連続テレビ小説で話題を呼んでいる、京都と出雲を結ぶ物語「だんだん」。ご存じの通り、出雲弁で「ありがとう」という意。この「だんだん」の語源は、先述の観音経の一句からきていると、そのガイドさんは笑顔で言っていた。

京生まれの私の母は大正五年に出雲に嫁いでから、出雲弁には随分悩まされたらしい。物知り自慢の古老に「だんだん」について問うと、「奥さん、それは石段のことだがね」

と言う。続けて、「特に当山の観音さんの石段は苦重苦(九十九)段あって、とても険しい。お参りの人が、急な修行坂を上って最後の石段に差しかかり、六根清浄を唱え、一段一段踏みしめながら上りきると、『よう来たよう来た』と観音様が迎えてくださる。そもそも観音様は、はるか南の海の上に浮かぶ島、普陀落山、それはそれは美しい高山にお住まいでいらっしゃった。それに擬して、俗界を離れ、高い聖地に開かれたのが三十三カ所の観音霊場。だから、一段一段上ることが修行であり、功徳を積むことである。やがて石段を上りきった参拝者は迎えてくださった観音様に対して感謝の念を抱く」。

古老の話では、「だんだん」「ありがたい」「おおきに」という感謝の言葉、それもお経の中から出ているという。古語が今も生きている出雲。母は、京の郭詞《くるわことば》にも通じると、興味深く思ったと言っていた。

ところで、私は昭和三年十一月生まれ。その年の春四月十四日から三日間、秘仏観音御開帳が三十三年ぶりに行われた。母はその折の盛儀を「百花開き、百鳥唄う、霊山に香煙棚引き、梵音終日絶えず、群参の善男善女、山麓より参道に満ち満ちた。長兄十歳、長女七歳、稚児姿が美しく、一世一代の盛儀を務める当時の院家（父）は三十五歳、わが家の最も輝いていたときであった」と追想していた。

観音堂

京仏師の家に生まれた母は、山寺に嫁いで十年たってからようやく秘仏観音を拝むことを許され、京より参じた仏師の兄が、この秘仏観音は平安中期、一流の京仏師によるものと真観したという。昭和三年といえば、農村不況時代の始まりで、封建社会に生きる苦難を背負った農民にとって、神仏に対する純朴な祈りは、出雲札巡拝の旅によって満たされたといってもよかろう。

そのころの参拝者数は一日千人を数えたと記録されている。厳しい農作業を前に、豊作を祈って陽春の旅に出て英気を養う。つかの間の楽しみであったと言えよう。

戦後、封建社会の中での、心のよりどころとしてきた神仏に対する敬愛の念が、邑社《むら》会の消滅とともに失われ、従って霊場護持も難しい時代を迎えた。そのような中で、私は住職として最初の大事業である秘仏観音御開帳を昭和三十六年に務めることとなった。

このたびの秘仏展は、千年の時空を超えて、光輝を失わぬたくさんの霊仏の慈眼に触れ、参観者の人々の心が癒やされ、安らぎをいただかれる。その敬虔《けいけん》な姿を見て、秘仏が昔からの信仰の対象であると同時に、新たなる文化財としての価値を公開した私の決断が、間違っていなかったと信じたい。

秘仏への旅

（平成20年12月14日付）

十一月三十日、私は空路大阪へ秘仏を求めて旅立った。かねてより、大阪市立美術館から「智証大師帰朝千百五十年特別展国宝三井寺展」の招待を受けていた。天王寺近くの産婦人科医院に勤めている孫娘が付き添ってくれる。

師走にもかかわらず、善男善女の参観者の人並みが続く。

まず目指すのは、国宝黄不動尊画像である。尊体を拝するのに、両眼を見開いた黄色身の不動明王が剱《つるぎ》と羂索《けんさく》を持ち、虚空を踏んで直立する。ほぼ等身大の不動尊は、頭光上半身は裸形、肥満した上半身に対して、手足は筋骨隆々、力を込めて両足の親指を上げる。この特異な尊容の不動尊が、「日本三不動」と称される黄不動尊で、智証大師円珍二十五歳の折、岩窟《がんくつ》で修行中、眼前に現れた金色の不動尊を感得し、後に画工に描かせ終生の守護尊としたという。

普段は厳重な秘仏で、この機会を逃したら再び拝むことはかなわないであろう。合掌瞑目一期一会の思いを胸中にとどめる。

抑々、大峯修験の末徒である私どもの側から見れば、智証大師は大峯中興聖宝理現大師に次いでの尊崇の的である。この特別展を通して、三井寺修験道、また西国三十三カ所としての観音信仰に触れることができたことは、望外の幸せであった。平成元年にやはり、この美術館で「平安鎌倉密教展」があり、当山からも重文聖観音画像を出陳、その折のことなどしのびつつ館を辞す。

空港バス乗車まで多少時間があったので、公園の一隅にて孫娘としばし憩う。

「おじいちゃん、疲れたでしょう。でも私は、ご縁の深い観音様、お不動様に出合え、そしてそのお力をいただき、本当に良かった。特に慈悲と愛に満ちあふれた観音様は、千の手、千の眼を持って私たちの苦しみを漏れることなく救ってくださる。生まれてきた赤ちゃんの命を預かってお世話をするという、尊い仕

事に就かせていただいている私にとっては、とても励みになる仏様です。そしてその観音様の菩薩行を守護するお不動様。力強く、悪を許さないその尊容にいたく感動しました」と孫娘は評する。

まだまだ青春真っ盛りと思っていた孫娘の成長ぶりを見て、私自身が癒やされ、心満ちながら今年最後の秘仏への旅を終え、帰山の途に就く。

早暁、自坊の観音堂への道は、散り急ぐ紅葉黄葉、まるで敷曼陀羅《しきまんだら》の上を歩いているようである。まだ薄暗い御堂に坐して、しばし黙考…。

ただいま、古代出雲歴史博物館にお出ましである本尊秘仏聖観音様は、十二月十五日にお帰りになる。実に八十余日の出開帳であった。そして平成三十九年の本開帳まで、扉の奥深く秘仏の坐に納まり給《たま》うのである。

私たち出雲札所会で、かねてより待望していた秘仏展が、西国三十三カ所中興の祖、花山法皇一千年忌を追頌《ついしょう》して開かれ、出雲石見観音霊場の歴史に新たな光が当てられたことは、混迷の世に人々の心を癒やす巡拝がこれを機に一層盛んになることを念願した次第である。

平成十二年、峯寺山麓にて行われた、高速道路建設に伴う埋蔵文化財調査によって発見された馬場遺跡。その中でも、近畿地方以外では出土例がない平安貴族の墓はとても貴重であり、平安時代の峯寺の歴史、特に重文聖観音画像の由緒を確かめる端緒となれば、と愚考する昨今である。

やがて明け始めた冷気の中、今年見てきた数々の秘宝観音様のお力をあらためて感じ入り、そしてわが秘仏観音様の無事のお帰りを心より祈りながら、坐を立った。

平成21年〜平成22年

炉辺談話

（平成21年2月8日付）

年明け、山寺は近年にない風雪に見舞われ、すっぽりと雪に包まれ、まさに霊山は雪浄土である。しかし夜半、突然の停電に戸惑う。暖衣飽食に慣れ、居間のこたつにはまり込んでウトウトとしていた老体は、迫り来る真の闇、寒気におびえる。

あいにく、家人は他出していて寺にはわれ一人。寂しさにお茶室をのぞいてみると、幸い昼間のお茶事のほのかな暖気が残っている。雪明かりを頼りに、炉の埋もれ火を掘り起こして炭を足す。火勢の移るまで、ゆっくりと時間が流れる。炭の香が懐かしい。

先師遺愛の釜に山清水をくんで炉にかける。微《かす》かにおこる松風の音の中、久々のお点前。淡い行燈《あんどん》の灯影によって、漆黒の茶碗に泡立つ抹茶の緑が鮮やかに映える。楽茶碗から両の掌《たなごころ》に伝わる温かみに古人をしのび、冬の夜長を独り楽しむ。これがお茶の功徳か。

昔、『獨楽庵《どくらくあん》』というお茶席があったと幼き日に古老の話を聞いたことがある。さて、その峯寺に伝わっていたという獨楽庵の由来を尋ねてみよう。

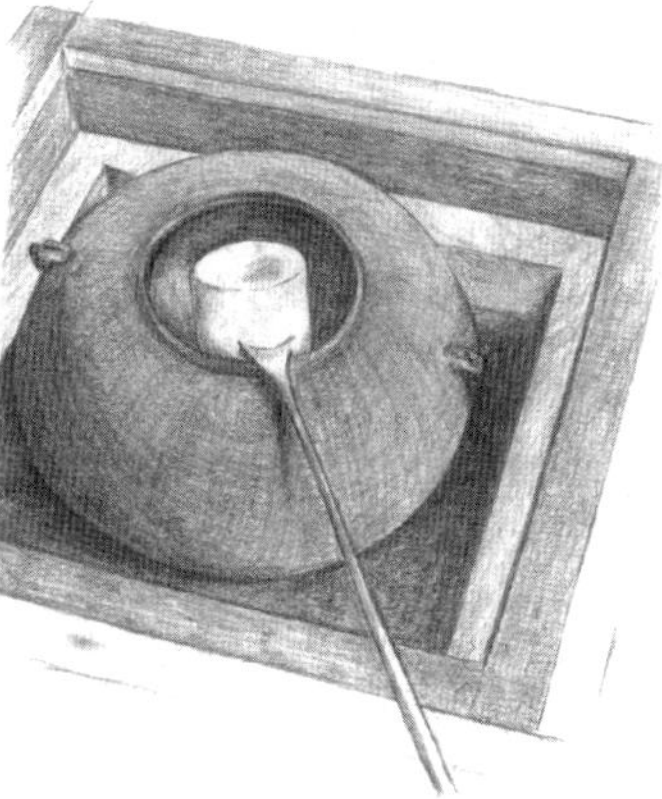

明治初頭、廃仏毀釈《きしゃく》の嵐は蔵王堂ほか修験の堂宇《どうう》が打ち壊され、その折、獨楽庵も失ったという。観音堂境内の歴代住職を供養する宝篋印塔《ほうきょういんとう》の笠の一部、耳石《みみいし》、あるいは隅飾突起と言われるものが欠け損じているのは、その折の法難を物語っている。

安土桃山時代（一五八〇年）に千利休が宇治に建てたとされる獨楽庵がその後、京都、大坂を経て江戸大崎に移り、茶人大名・松平不昧公の手に渡る。二万坪を超す大茶苑の華として、数々の茶室や四阿《あずまや》を従え、茶の湯三昧《ざんまい》の主舞台となった。獨楽の起源は、宋代の文人政治家・司馬光が獨楽苑という別荘を造り、独りで悠々と月を眺め、清風に戯れ楽しんだとされる。

では、利休のお茶に「獨楽の茶」があるのか。「南坊録」を見てみると、利休が元旦に独りで茶を点《た》てる「おおぶくちゃ（皇服茶、または大福茶と書く）」である。本来の意味は仏に供える、つまり『御仏供茶』であり、独りで点てて仏に供え、自分も頂く。それが究極の茶であるという。（『獨楽庵物語』樫崎櫻舟＝参照）

「獨楽」と書かれた、横幅ほか五、六幅の不昧公筆の墨跡、茶器など伝来の品がいずれも寺から流出したことが惜しまれる。中世、尼子・毛利等によって庇護《ひご》を受け、寛永十五年、松平直政公が出雲に入国するや、峯寺に三十一石の寺領を安堵《あんど》。出雲大峯修験の祈願所と定めた。

七代治郷（不昧公）は、伽藍《がらん》の衰微を旧観に復せんと発願。本堂・庫裏諸堂が落慶し、威容をととのえたのが九代斎貴の代であり、着工以来三十数年を要したのである。不昧公御指図による雲州流庭園は、神の山伊我山を借景とした霊山にふさわしい風雅な茶庭である。江戸在住が多かった不昧公が、この山庭に江戸の獨楽庵の名残をとどめ遺《のこ》されたのであろう。

井伊直弼の「茶の湯一会集」に「すなわち客を送り出した後、いかにも心静かに茶席に立ち戻り、炉前に獨座して今しばらくお話もあるべきうちにもはやいずかたまで参らるべきや、今日一期一会過ぎて再び帰らざること観念し、あるいは獨服といたすこと、これ一会極意の習いなり。このとき寂莫として、うち語ろうべきものとて釜ひとつのみにして外にものなし、まことに自得せざるはいたり難き境涯なり」とある。身に染みるおもてなしの心である。

一刻の停電は、私にこよなき沈思黙考、獨楽の時を与えてくれたことであった。

札所今昔

（平成21年3月29日付）


出雲路に春を呼ぶ札所開きは、三月十二日に行われた。桜便りもちらほら、境内にあるモクレンのつぼみも膨らみ始め、札打ち日和に恵まれた。

第九番札所の当山観音堂前にて香華灯燭《こうけとうしょく》を供えてお待ちするほどに、各御寺院住職さま先達のもと、それぞれの信徒さん等、巡礼姿の二十数人が参着。恭しくお迎えする。七番光明寺からは、老師と若和尚それぞれご夫妻にて、さらに小さいお孫さん二人もお連れして一家一同での巡礼の旅。小さいおいずるがよく似合い、両手を合わせ般若心経を皆と一緒に一心に唱えるかわいらしい姿。二十数年前の若住職の幼き日の姿を思い浮かべ親子孫三代のきずなの深さ、幼児教育の範と感動したことであった。客殿でお抹茶の接待。それぞれに久闊《きゅうかつ》を叙す。

観音巡礼といえば、今から六十年前、私が住職駆け出しのころ、供米美談行脚の一行を迎えた。石州の一農家、父を戦場に送り、後は娘手一つでけなげに家を守り、田畑を耕し、割り当ての供出米１００％達成という美挙が高く評価された。供出米に苦慮する指導者たちを勇気づけ、それが観音霊場巡拝による供米100%達成祈願巡拝となったことは、今日の飽食、米余り、減反の時代では想像も及ばぬことである。

余寒厳しい早春の夕暮れ、「供米達成祈願」と書かれた幟《のぼり》が地元案内の青年の手に掲げられ、参道をたどる十数人の一行を迎える。地元観音講の女性を動員し、農協組合長の指示で宿泊食事の接待に当たる。食後には地元供出関係者も参集。美談の主を上座に、夜更けまで熱のこもった増産座談会が開かれた。昭和二十二年秋のこと、戦後初めての団参であった。

そもそも、この出雲札はいつごろ開かれたのか。平安時代、西国三十三カ所が徳道上人によって開かれ、その影響を受けて出雲札も創始されたと考えられるが、実際に庶民の間に広く普及したのは、江戸末期あたりからであろう。

観音堂・札所開き

観音霊場以外にも、「講」というものを設けて一心に観音信仰を続けたグループがある。その「講」については以下、木次町誌を参考にまとめてみる。

〈講信仰〉

昔、交通の不便だった時代にはさまざまな霊場をいちいち参拝する代わりに、毎月講を開いて、信仰する神仏を拝んでいた。数十人で構成されている講員が代わり番に宿をし、講金を集め、それぞれの社寺で祭礼があれば、その講金の中から旅費や賽銭《さいせん》等を出し、講社の代表がその祭礼に参列する。代参者はお守り札を受けて帰り、講員皆に配る。大社講（出雲大社）、明神講（美保神社）、枕木講（枕木山華蔵寺）、金毘羅講（讃岐金比羅山）、一畑講（一畑薬師）、大師講（弘法大師）、観音講、地蔵講など数多くあったが、大部分が消滅してしまっている。

山一つ、川一つ向こうは他郷であった封建社会では、外へ開かれた未知なるものへのあこがれは神仏参りの旅であったといえよう。

戦後の出雲札はというと、出雲市の『仏壇の原田』先代社長、原田庄七氏は、「日本の美しい心」を社訓に掲げ、社会浄化の一助として出雲札巡礼を復興した。昭和四十八年春、番外霊場の一畑寺において三十三の御寺院が結集。当時の管長飯塚幸謙老師の御導師により、復興法要が営まれた。それから毎春札所開きが行われ、今年で三十六回目を迎えた。

今は亡き初代札所会長飯塚老師と原田社長、古道を訪ねて二百五十キロある出雲巡礼路を歩き遍路。そこには出雲の美しい原風景があった。懐旧の情ひとしおである。

チベット高僧の死とポチ

（平成21年5月24日付）

四月十六日、この日は私（ポチ）にとっては悲しい日となった。敬愛するチベット高僧ガンワン阿闍梨《あじゃり》の散骨（自然葬）が行われたのだ。前日の花の法要・火祭り大護摩供でにぎわった山内も今朝はしめやかな花の雨…。

大阪の大施主、平岡先生に代わって、奥方が峯寺に遺骨を持ち帰られた。はるか雲南の山脈を見晴らせるシイの木の茂る西の滝道、快遍坊の諷誦《ふじゅ》する陀羅尼に送られ、山桜の散り敷く大地に還《かえ》っていかれた。あまねく光となり千の風となって、長年帰れなかった祖国チベットへお帰りになったであろうか。

昨年七月、盛夏の峯寺でダーキニー灌頂《かんじょう》が行われた。阿闍梨は末期がんの余命いくばくもない病勢をおしての御来山であった。平成八年四月、初めて峯寺に御来山以来、五度にわたるチベット密教の灌頂を成満。その法縁はただの偶然ではなく、大日如来の時空を超えたお計らいにほかならないであろう。昨夏の灌頂翌朝、いよいよお別れの日となった。受者一同朝食を共にし、名残を惜しんだ。

阿闍梨は灌頂のトルマ（供物）を、侍者であるリンポチェに本堂より運ばせ、自らナイフを入れ、一同それぞれに「御仏の功徳を頂けるように」と、お分かちになった。そしてお立ちの際には、玄関で見送っていた私（ポチ）に対してまでも、リンポチェを通じて供物を差し出され、「私の来るたびに、灌頂道場を魔からよく守ってくれた。また、境内の巡拝のお供もしてくれた。末永くお寺のお守りをするように」と、頭をなでていただいた。

ガンワン先生（中央）と平岡夫妻

十二月中旬、南インドの再建ガンデン寺に帰られ、多くの弟子たちに最後の遺言をなされ、明けて一月三十日入寂。死の瞑想（トゥクダム）に入られた。訃報《ふほう》に接した平岡夫妻は、初七日の法要に参席。阿闍梨のおっしゃった「仏塔を造る必要はない。骨は海や山にまいてくれ」との遺言に従い、分骨をいただいて帰国。ゆかりのある峯寺にも散骨されることとなった。

ガンワン阿闍梨は日本を永別するに当たり、峯寺に対してメッセージを残してくださった。

西暦六五八年創建と言われる霊験あらたかなこの大日如来の寺院・峯寺を、チベットの密教総本山ギュメ寺の元管長、私、ロサン・ガンワンが何度も訪れました。(中略)山主方の願いに応じて、峯寺の多くの信者たちに白ターラ佛と阿弥陀仏の二つの長寿の灌頂、ダーキニーの灌頂、他にヤマンタカの息災護摩等、多くの佛縁を結びました。(中略)仏法を聴聞したり、説教をしたりした皆の善行によって世界に平和と安穏が訪れること、そしてこの峯寺自体に無上瑜伽《むじょうゆが》密教が流布すること、師と信者たちとが戒を伴った仏法に沿った形での良い関係で、この峯寺自体がいつまでも永く続く祈願を込めて元管長ロサン・ガンワンが二〇〇八年十二月十三日に記しました。ターシデレ(皆に吉祥あらんことを)=平岡宏一訳畜生である私に対してまで、慈悲の心をいただいたガンワン阿闍梨。一切有情（命あるものすべて）が苦しみから救われるように、菩薩《ぼさつ》道を邁進されてきた阿闍梨は、小魚や虫に至るまで慈悲の心を与えていらっしゃった。

私も人間と同じように仏法を聴聞させていただいた身。慈悲の心を芽生えさせ、菩提《ぼだい》心を得ることができたならば、今度はそれを他者に説かなくてはならない。亡き阿闍梨の徳をいただけるよう、夕方から朝までひもから外されている私は毎朝毎晩、散骨された山に行くのが日課となった。

忠犬ポチ

（平成21年7月12日付）

去る日、夕暮れの散歩道での出来事。もうすぐ十歳になる「ポチ」を連れて、いつものように西山の山荘滝道を巡っての帰り道、先になり後になり、道辺の草むらやササやぶに頭を突っ込んではかぎ回っていたポチは突然、谷あいに潜んでいた猪《いのしし》をおびき出し、壮絶な戦いとなった。全く予期せぬ危機に、私は全身が凍りついた。

何分、ポチの倍以上の力を持つ猛者《つわもの》から私の身を守ろうと捨て身の体当たり。鋭い牙《きば》に引っかかれ、二度も飛ばされながら、なおも立ち向かっていくポチの反撃もむなしく、やがて組み伏せられる。「ポチが殺される」―私はとっさに、こぶし大の石を拾い身構える。それを見て一瞬ひるんだ猪ののど元に、ポチは死力を尽くして食いついた。さすがの猪も戦意喪失。ポチを振り払って反転、谷あいの闇に消えていった。

縄張りを侵され怒ったポチは、けがをしながらも勢いに任せて後を追おうとするが、私はそれをなだめて帰路に就く。ポチは左前脚をやられたらしく、足を引きずり哀れな姿で何とか庫裏にたどりつくなり、土間につき伏した。舌を垂らし、全身を波打たせて荒い呼吸、左胸部からの出血が痛々しくひどいけがである。翌日、病院へ連れていくと、幸い命に別条はなし。闘争による内出血と、左前脚の亜脱臼という診断だった。老犬と言われてもおかしくない年齢なのに、恐れ入るばかり。もしも、ポチがいなかったら…と思うとゾッとする。

このたびの出来事を、後になって落ち着いて思い返してみると、ふと私が心の師と仰ぐお方の言葉を思い出した。

『仏教を学ぼうとする者には、三段階の動機によって分類されるが、その最上級は、一切有情(命あるものすべて)が苦しみから救われるように、仏教を勉強するというもの。自分のより良い来世のためでなく、今世の自分が苦しみから逃れるためでもない。他者のために学ぶのである。いまだ悟りを得てはいないが、仏道修行しながら衆生を救ってくださる、まさに菩薩《ぼさつ》のことである。虫や小魚に至るまで殺してはならないのは、われわれ僧侶は命あるものすべてを救わなければならないからである。仏に仕える身であるならば、どうして虫魚を殺すことができようか。

快芳よ、峯寺にも観音菩薩様がいらっしゃるではないか。毎朝のお勤めの時に、お前はきちんと観音様から慈悲の心をいただいているはずだ。しかし、それだけではいかん。

その心を生きとし生けるものすべてに向けなければならない。お参りの方、旅先で出会った人、飛び交う鳥や池のコイ、山にすむ動物たちにも慈悲の心を向けなければならない』

近年、観音堂でのお勤めは専ら副住職に任せているが、そこには必ずポチの姿もある。ポチにしてみれば、飼い主に従順な姿勢を見せて猪と闘い、見事に助けたのである。しかし、奥山のすみかを追われた猪たちはどうなるのか？

「ポチよ、そなたも毎朝観音様のお慈悲をいただいているのだ。縄張り内への侵入などと言わず、猪など他者の苦しみを受け入れる心を持つことができれば、そなたもそんな姿になることはあるまい」――山地荒廃、環境問題の深刻さを思いながら、傷ついたポチに対し、ついつぶやくのである。

塔は見ていた　～私の終戦記念日～

（平成21年9月27日付）

京を訪れる旅人は、まず車窓に映る古塔に迎えられるであろう。東寺の塔は、単に東寺のシンボルであるにとどまらない。平安京以来、今日に至るまで、入京の人々にとって京都そのもののシンボルであったと言えよう。

真言密教の教理に基づいて、弘法大師が天長三年（八二六）に創建。国内最高最大の塔であった。現在の建物は、徳川三代将軍家光の再建によるものである。

私は終戦の年の初秋、母の生家である下京に居を構える。食糧難にあえぐ仏師伯父一家を見舞うべく、闇米五升をリュックにしのばせ上京した。

終戦直後の京の街々は、空爆に備えての建物疎開により、櫛《くし》の歯が欠けたるごとき惨状。有名寺院は門を固く閉ざし、寺宝の接収を恐れ、不安のどん底にあった。

アメリカの美術史家ウオーナ博士、中国の建築史家梁思成（一九〇一～七二）をはじめ、世界の知性良識によって、優れた日本の文化や伝統が爆撃から守られたことは、そのころの都人たちには知る由もなかったのであろう。

私は偶然、洛南の国道1号線上で、東寺の塔を目指して入京するアメリカ進駐軍を迎えることとなった。都大路に繰り広げられたアメリカの精鋭第八軍のパレードは威風堂々、見る者を圧した。しかし、都人は矜持《きょうじ》を失わず、賓客として迎え入れたことは、まさに平安遷都以来一二〇〇年の歴史の一ページであった。私は新しい時代がやってくるこの仏都において、遊学の機会も近いと胸膨らむ熱い思いに涙した。

昭和二十二年、宗立東寺専門学校（現種智院大学）に入学。峯寺の本山、洛北の仁和寺に止宿し、洛南の東寺まではチンチン電車（市電）に乗ること四十分。四季の風情にひたり、東寺の西門より塔を拝しながらの登下校であった。

東寺の塔頭《たっちゅう》一棟が校舎に充てられ、五十人余りの学生は寺院の子弟がほとんどである。復員したばかりの年長者、後年一宗の管長や学者になった先輩、私のように市内の寺院に止宿し、法衣姿で通う苦学生など、多彩であった。

東寺の弘法さんとして親しまれている、庶民信仰の御影堂には終日香煙たなびき、のどかな御詠歌が流れ、特に老人たちの憩いの場であった。

また、東寺の市と言えば、二十一日の縁日に広い境内が開放され、近郊から蝟集《いしゅう》した千軒にも及ぶ露天商がひしめき合う。戦後いち早く復興された、今でも変わらず続いている古都の風物詩である。五重塔を背に街頭布教の第一歩を踏み出したのも、懐かしい思い出である。

三年生になり、四度加行《しどけぎょう》成満、東山にある皇室の菩提《ぼだい》所、泉涌寺にて伝法灌頂入壇。本山仁和寺で、時の岡本慈航門跡より住職辞令を拝受したのが昭和二十四年十一月のこと。ちなみに、岡本慈航僧正は松江市の出身、そして同じく郷土出雲市出身で、明治の傑僧と言われた釈雲照律師は、明治三十二年から翌年までの二年間、仁和寺の門跡を務めた。高僧の法灯を汚さぬよう、心に誓ったことであった。

本年も六十四度目の終戦記念日を迎え憶念するに、東寺の塔は、私の人生のシンボルとでも言おうか、戦後の復興とともに駆け出した青春時代の原点であった。

秘仏をたずねて　～古都の旅～

（平成21年11月14日付）

香煙たなびく本堂内陣奥深く、目を凝らせば、揺らぐ燭台の明かりに照らされている、大火炎に包まれて降魔の利剣を持し、火生三昧に住し玉ふ、秘仏青不動二童子画像を拝す。しばし、門主の法話に感銘深く耳を傾ける。

「当青蓮院では、一一四四年の創建以来初めての国宝『青不動明王二童子像』をご開帳致します。『青不動』は日本三大不動画像の一つとして、極めて強いお力によって平安時代から現在まで篤《あつ》く信仰されて参りました。

不動明王は、全宇宙をつかさどる大日如来の使者として登場し、やがて衆生を救うために忿怒《ふんぬ》の姿で現れました。今、時代は政治経済ともに混迷を極め、また道徳心は荒廃し、さまざまな事件が後を絶ちません。この混迷の時代に青不動の強いお力により世の中を少しでも良い方向に、真に豊かな社会に導いていただきたいと考え、このたびご開帳を行うことに致しました。忿怒の相で厳かに盤石の上に坐する青不動に、動きは感じられません。まさに一切の人々を救うまではここを動かない、という不動尊の姿を表しています。

右手に持つ三鈷剣は魔を退散させると同時に、人々の煩悩を断ち切るための剣、剣に巻きついた倶利伽羅龍《くりから》は、不動明王の変化身で、竜王の一種とされています。左手の羂索《けんさく》は、悪を練り上げ、煩悩から抜け出せない人々を救い上げるための縄、右目は天を、左目は地をそれぞれにらみ（天地眼）、牙は上下に伸び（牙上下出）、左右非対称に表現されています。また火焔に目を凝らせば火の鳥、迦楼羅《かるら》を見つけることができます。これは貪欲《どんよく》、瞋恚《しんに》、愚痴の三毒を喰らい尽くすためであります。本尊向かって右側には、腰を引き合掌する矜迦羅《こんがら》童子と、左下には棒を持し力を誇示する制吒迦《せいたか》童子が描かれています。　～後略～」


御拝に設けられた護摩壇にて、いま一度心中祈願をし、善男善女の一人として流れに沿って粟田御所として栄えた殿舎庭園を拝観。

「おほけなくうき世のたみにおほふ哉　わがたつ杣にすみそめの袖」

小倉百人一首で親しまれている歌僧、当院三代目の門主、慈円僧正（一一五六～

一二二五）をしのびつつ、親鸞聖人お手植えと伝えられる樹齢八百年の天然記念物『大楠の木』を見返りながら、青蓮院を後にする。

西へ向かう小型機で帰路に就く途中、窓の外を眺めれば、西日を浴びてそそり立つ入道雲のすそを縫うように機は進む。

日沈む宮を祭る出雲の落日は、多彩な七色を織り交ぜて、美麗な弥陀のお浄土であった。

山坊に帰り旅装をといた後、旅の無事終了のお礼報告かたがた、当山に伝わる不動明王坐像の御前にてしばし瞑想《めいそう》。脳裏に刻み込んだ国宝『青不動』の尊容と重ね併せ、あらためて衆生の心の平安、世界の平和を心から祈り続けた。

峯寺不動明王坐像

ゆく年くる年　～鐘で結ばれた絆～

（平成22年1月9日付）

山寺に生まれて八十三年。本年も無事平穏に新春を迎え、まずは四恩に感謝しながら鐘楼に登り、一打三礼。慚愧懺悔《ざんぎざんげ》六根《ろっこん》清浄《しょうじょう》新しい年の一日が始まる。

愛犬ポチは、片耳を垂らして片足ひきずりながらも、私の前にたって先導する。昨年夏、諸堂巡拝中、西の山で猪と遭遇、私を守って格闘となった。その痛手を負ってからすっかり老いた。しかし、境内巡拝のお伴とパトロールは一日も欠かさなかった。実に忠犬である。暮れより厳しい寒波となり傷も痛むことであろう。同病相哀れむ老妻は、ポチの小屋に湯たんぽを差し入れ、いたわることしきり。ポチも家族同様である。

鐘楼堂の屋根を覆っているモクレンの老樹、梢《こずえ》の枝々には小指ほどの花芽を宿し、厳寒に耐えている。大みそか、除夜の火祭り松明《たいまつ》行列も、たくさんの参拝者でにぎわった。

昭和の鐘を再建してから四十年。鐘供養の祭典、はるか遠い思い出となった。全国から集まったホステラーの手によって撞《つ》き初め式が奉祝賛歌の大合唱の中で行われ、百八の厳かな鐘の音が全山に響いた。

鐘が鳴る鳴る鐘の音が　鳥啼く山の霞にとけて
人よ、悟りのはなぞのに　早く行かなと鐘がなる
鐘が鳴る鳴る鐘の音が　雨ふる街の巷にながれ
人よ、迷ひのうつし身を　清く磨けと鐘が鳴る
鐘が鳴る鳴る鐘の音が　月澄む家の窓辺に冴えて
人よ、みのりのともし火に　深く学べと鐘が鳴る
鐘が鳴る鳴る鐘の音が　霜おく夜半の曠野にひびき
人よ、仏の慈悲の手に　強く縋れと鐘が鳴る

除夜の鐘で思い出されるのは、ＮＨＫラジオ年越し番組「ゆく年くる年」である。昭和五十五年の大みそかから新年を迎えるに当たって「人びとの触れ合い」をテーマに放

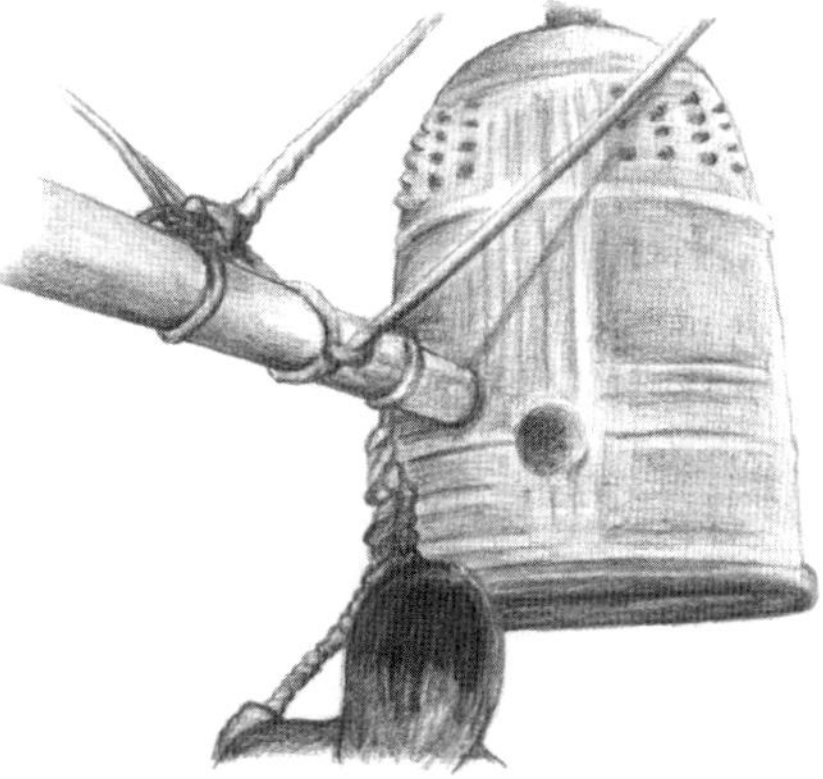

送された台本を取り出し、懐かしさにページをめくってみる。

『島根県三刀屋町にある真言宗峯寺では、十年前にユースホステルを開設した。当時、この寺には鐘がなかったが、ホステラーたちが資金を募り、鐘を寄進した。この寺の住職夫妻（ペアレント）はユース開設十周年を記念して、これまで訪れてきたホステラーに招待状を送り〝息子たち〟の訪れを待っていた』――。

～当日、境内から中継～

浜中アナ「こちらは中嶺山峯寺です。松江市から車で一時間余り、山あいの道を分け入ったところ。（中略）今年は雪が多く、四十センチの積雪に見舞われていますが、たくさんの参拝者でにぎわい、霊山の厳かなたたずまいの中、新しい年を迎えました。（中略）今聴こえている鐘の音、この鐘は峯寺を訪れたホステラーが善意の輪をつなぎ、祈りを込めて作られたものであります。新しい年の願いを込めて、まだまだ鐘の音が鳴り続けます。峯寺ユースホステルからお伝えしました」

今年もまた、愛犬ポチを伴にして、多くの人の思いが詰まった鐘を、朝に晩に撞くことができるのは、この上ない喜びである。

大峯山のミヤマザクラ

（平成22年2月27日付）

もうすぐ桜の季節。桜に寄せる思いは人それぞれであろう。

満開の桜に迎えられ、小学校入学の校門をくぐったのは昭和十一年春のことであった。そのころ当山裏の庭園の真ん中に、二抱えもあるこけむした老樹、枯死寸前の山桜があった。梢《こずえ》にわずかに残った数枝に咲いた花を見ながら、母からその由来を聞いた。「この山桜は今から約四百年の昔、当時の院家《いんげ》さんが大和の大峯山から、山桜の苗木をお参りの記念にいただいてここに植えられた、峯寺の歴史を語り継ぐ大事な桜ですよ」と。

老樹の下には、点々と育った蘖《ひこばえ》があった。それを移植したのが、庭園の借景となっている山のあちこちに咲いている楚々とした桜。土蔵の屋根を覆い、今も参拝者の目を楽しませている華やかな桜花もある。

寺史によると、永禄年間当時の僧・快遍僧都は当山の修験再興を図り、次いで権大僧都快弥上人は、京都醍醐寺に懇請して正大先達に再挙され、関西十六カ国の修験袈裟頭となったとある。そうすればこの老樹は、中興二代快弥上人のお手植えの桜ということになる。幼心に遠い昔に思いをはせ、いつか花の吉野・大峯山へお参りすることを夢見たことであった。

もろともに　あわれと思え山桜

花より外に　知る人もなし

平安末期、朝廷護持僧で天台座主も務めた大僧正・行尊が大峯入峰の折に詠んだと言われる。摂関時代、平安貴族にとっては、御嶽詣では重要な行事であり、藤原道長の関白日記（大峯入峰記録、国宝）は有名である。

五月下旬～六月上旬に咲く桜は大木でありながら、花は退化して四弁であり、学名ミヤマザクラ、俗称「行尊桜」という。花よりほかに知る人もいない奥山に楚々と咲くゆかしさを感じる桜である。

昭和三十五年六月初旬、私は前年、九死に一生を得た術後の体をいたわりながら大峯へと旅立った。道中を案じて療友が同行してくれたことは、私の大きな不安を和らげる

書院の庭から見るヤマザクラ

ものであった。出雲今市発山陰線京都夜行に乗車、京都から奈良線に乗り継ぎ、近鉄下市からのバスは〝紀伊半島の屋根〟と言われる大峯山地に分け入る。

難所の峠越えに肝を冷やしながら、洞川《どろかわ》に夕闇迫るころ参着。護持院である龍泉寺に参拝、門前に待ち受けていた陀羅尼助老舗の若女将に案内され、旅館にて旅装を解く。五十年前の洞川は、まさに昔の面影を残す秘境。夏山登山シーズンを迎え、国別の定宿が二十件余り、講社の先達に引率された老若でにぎわっていた。

その夜、紹介された山先達は登山歴三十年のベテラン。かつて山に住んでいた守護尊である後鬼《ごき》の末孫とか。私の苦境を聞き「逆境にあるときこそ、入峰修行によって救いがある。しかしながら、厳しい掟《おきて》を守っての難行苦行は命懸け。死んだつもりで登ってみなさい」と諭され、この先達に命を託すこととした。

翌早暁、発心修行の結界門をくぐり、表裏行場、本堂での護摩供養、すべて無事に成満した。

屹立《きつりつ》する山頂、数百メートルの岩頭に立てば、自ら身を正し、噴き上がる冷気に肌寒さを覚え、死からの蘇生《そせい》の思いであった。はるか深山幽谷にひっそりと咲くミヤマザクラ、私には再生の花であった。

松江藩と天河御師

（平成22年4月18日付）

延宝三年（一六七五）五月のある日、身なりの立派な武士三人が天下の祈願所・大峰山総鎮守天河弁天に参詣、社家筆頭の幸福喜内方を訪れた。

「われらは出雲國松江藩主松平出羽守綱近が家臣、朝日丹波と申すもの」と名乗った。「われら主命によって罷《まか》りこした。御師《おし》（祈祷師《きとうし》）虎太郎どのにお目にかかりたい」という唐突な願いである。よほど重要な任務を帯びている真剣なまなざしであった。

朝日丹波と名乗ったその武士は、国家老格のお側用人であることを自ら明らかにし、ぜひともお家のために拙者ともども同道願い、わが主君に会ってほしい、と懇望した。家老格の上級武士が遠い吉野山中まで、わざわざ足を運んで来るほどの願いである。無論、当時の虎太郎の名声もさることながら、松平家にもよほど差し迫った事情があったに違いない。

虎太郎はついに意を決して、その礼に応えるべく、まな弟子二人を連れて出雲に発った。

城下に入った一行は旅籠出雲屋で早速朝日丹波以下、重役方の丁重なる出迎えを受けた、とある。

祈祷は城内二の丸大書院で行われた。正面には、主神天河大弁財天を祀《まつ》り、荘厳な祭壇をしつらえ、その右側の施主の座には、第三代藩主綱近公がひかえ、一段下にはそれに続く松平家護持寺院七カ寺の住職、次いで主だった家臣たちが座についた。

その後、松平家が祈祷師虎太郎に対した処遇は、尋常一様の扱いではなく、毎年黄金を以ってその労に報い、しかもこれが松平家の家是として長く百年も続けられたことは、この祈祷が並々のものではなかったことをうかがわせる。

おそらく松平家の浮沈にかかるほどの大事な事件にかかわったものと思われる。松江城内本丸の天守閣展示室に当時の祈祷札が今も大切に保存されている。

以上、大山源吾著「天河への招待　吉野三山から弥山まで」を引用。

私は三月末日、桜三分咲き、花冷えのする松江城を訪れ、天守閣に登り、二階の展示室を参観した。

祈祷札の解説板には

「解体修理の際、柱に打ちつけてあった祈祷札である。一重、二重にあったものは真言宗不動修法による地鎮の祈祷文で、三重にあったものは補修のときの八字文殊修法による祈祷文であることがわかった」とある。

私は終戦の時の秋にも、松江城を訪れている。中学三年の時であった。天守閣に登ってそこから見えたもの、憂国青年によって県庁は焼かれ、新聞社や放送局が襲撃されるなど、混乱の極みにあった情景である。

人びとは、その日その日を生きるのがやっとであった。それから五年後には松江城天守閣解体修理に着工できたことなど、思いも及ばなかった暗い世相であった。柱に打ちつけてあった領内安穏の祈祷札が、隙間風にことことゆれていた遠い思い出である。

来る五月九日、松江開府四百年祭協賛、出雲國神仏霊場合同祭事が、松平家菩提寺の月照寺で執り行われる。かつて松平家護持僧として勤めた修験寺院末孫として、参席する法縁の深さを思う昨今である。

山寺の仁王尊

（平成22年6月6日付）

松江市の枕木山の春祭りに、「仁王尊のまたくぐり」が、近ごろ珍しい行事として、テレビ、新聞などで報ぜられた。運慶作と伝えられる憤怒の仁王尊に、いとけない童子童女、剛と柔のコントラストが何ともほほえましかった。

江戸時代、子どもが仁王像の股《また》をくぐると、疱瘡《ほうそう》（天然痘）が軽くてすむとか、丈夫に育つとかいわれた。医学万能の今の世に、股くぐりの風習が大事に伝えられていることは、さすが薬師信仰の古刹《こさつ》である。

出雲札所第九番の峯寺山麓から胸突き八丁（八〇〇メートル）の急坂参道は、札所内でも難所の一つとしてあげられていた。その修行坂を登れば、その中腹に築三百年の藁葺《わらぶき》屋根の仁王門にたどりつく。そこに祀《まつ》る一対の仁王像は、私の幼いころ、古老から聞いた話によると「この仁王さんは、松江の相撲好きの殿さんが、おかかえの自慢の相撲さんをモデルにして、松江の仏師が造ったものだ」と話してくれた。

ヒノキ材の寄せ木造り、像高は二・二五メートル。表情は憤怒形ながら、どこか穏やかで素朴でユーモラスさが漂う。

近時、車社会を迎え、盛時には一日千人の札打ち巡礼者がたどったこの表参道修行坂に、杖をつく参拝者はめったにいない。三百年の風雪に耐えた仁王門も破損激しく、平成十一年春、境内山門に遷座することとなった。仁王尊の解体修理により、体内より祈禱《きとう》札を確認した。

雲刕两国大守松平出羽守侍従源綱近公
貞享二丑暦卯月吉日
　大佛師松江住左近政次
　　北堀町照國院彫之

峯寺普光院権大僧都法印快意
新奉尅彫仁王尊像依此功徳成安穏悉地者也若然國家豊饒
旦那息災延壽子孫繁昌諸願成就二世安樂如意吉祥而已
欽言

堀尾氏、松平氏が出雲に入部するや、松江城築城とともに藩内の社寺を安堵《あんど》し、民衆人心の安定に意をそそいだといわれる。

徳川親藩の松平藩も、外には打ち続く天災凶作により財政が逼迫《ひっぱく》し、内には不幸不運が続き、この綱近公の祈願札からも神仏に寄する祈誓《きせい》の念の強さを感じたことであった。祭政一致の生きていた時代である。

札所寺に生まれ、生来病弱であった私も、いまや八十路の老境に入った。かえりみるに、出雲大峯再興を念願し、入峰修行三十年、苦修練行の賜《たまもの》と信ずる。

政治も社会も腐敗堕落し、今にも爆発しそうな現代人に、怒れる仁王像は何かをもたらしてくれないものであろうか。

峯寺仁王尊

山に祈る

（平成22年7月25日付）

今年の二月、地元の登山グループのメンバーの手により、峯寺弥山《みせん》（二九九・一メートル）山頂に、石碑と登頂記録ボックスが設置された。山頂からの360度見渡せる眺望は、雲南市街はもちろんのこと、宍道湖・日本海まで望める。しかも、この時期にしては珍しく良い天気だったので、澄んだ空気のもと、雪のかぶった三瓶山や大山まで望むことができたと、副住職から報告があった。

この登山グループは、平成十五年に発足し、毎月例会を開いて、県内外の山登りを楽しみながら、自然を愛する人たちである。時には、例会以外で海外の山々に挑戦しているそうである。とはいえ、初心者もいるということなので、会自体は和気あいあいと、楽しく自然を愛すること、自然を守ることをモットーにしているようである。

六月には、その例会が百回に達することから、記念事業の一環として弥山に石碑を建立し、登頂記録ボックスの設置、また、五月には手作りでベンチまで作っていただいた。以来、たくさんの登山者でにぎわっていると聞き、山を守っている者として、ただただ感謝している次第である。

例会百回記念に発行された文集には、メンバー各人のさまざまな思いがつづられている。山登りを人生ととらえている人、この会を通して山に魅せられた人、健康づくりや体力づくり、定期的な運動のために登る人、山登りのおかげで病院知らずになったこと、山登りでしか味わえない魅力を説く人。かなりの難所に出かけ、死を覚悟した経験などもつづられていた。

われわれ修験行者が山に入る時は、大自然そのものが神であり、仏である、と観念するのであるが、実はこのこと自体が山に魅せられるゆえんではなかろうか。仮にそれがただのレクリエーションとして入った山であっても、そこで得られるものはたくさんある。それは記念文集の内容を見れば一目瞭然《いちもくりょうぜん》である。自然が美しいと思えるその心は、まさに神仏そのものであろう。一歩間違えれば危険な場所となることも、神仏からの警告ととらえることができよう。

また、いつも機嫌がいいわけではない。同じ山でも晴れの山と雨の山では違い、それに加えて高い山があれば低い山もある。いろんな顔を持っている山（自然）も、やはりたくさんの種類の神仏ととらえることができる。

人間も一緒である。いつも同じというわけではない。体調の良しあし、気分の良しあしによって、人を助けることができる時もあれば、知らず知らず人に迷惑をかけることだってある。

三十歳そこそこで結核を患い、奇跡的に助かったこの命を、霊山大峯山に預けてからはや五十年近くとなる。今思えば私が山に入ったのは、できるだけ人に迷惑をかけることなく、人の役に立つために、神仏の下へ参ったのかもしれない。

無財の七施　～和顔施～

（平成22年9月12日付）

太鼓腹をかかえて、和やかなほほ笑みの福々しい布袋《ほてい》さん。参拝の人々は、思わず自らも笑顔になって手を合わせる。

峯寺の玄関前に立つこの像は、奥出雲の山長者・田部家第二十二代長右衛門氏がかつて、貴族院議員の当選祝いに、出雲市大津町の万祥山窯にて制作されたもの。今から五十年ほど前に、同家から寄進された尊像である。長者の遺徳をたたえるのにふさわしい、後世に残る見事な布袋尊である。

布袋さんは昔、中国に実在した禅僧で、日本では七福神の一人として親しまれている。寺は持たず居所も不定、村落を托鉢《たくはつ》して歩き、喜捨の品を布製の袋に入れて担いでいるので、布袋和尚の名がついたという。

満面屈託のない和顔で物欲に執着せず、足るを知り、かたよらない、とらわれない、こだわらないその風情は、混迷の世に癒やしを求める人々の心を魅了してやまない。

この布袋さんを寺に迎えて一番喜んだのは、山すそに住む檀家の福さんであった。親が、福々しく育つようにと願いをこめて「福治」と名づけられ、両親の慈愛に包まれ、福々しく育った。

同家の先祖は寺内百姓で、初代福太郎は、大和大峯山入峰行列の折に、山主の長柄持ち（朱傘持ち）として参加。その折の褒美《ほうび》として与えられた檜扇《ひせん》が、家宝として大事に伝えられている。また、祖父・治太郎は石屋さん、観音堂前九十九段の石段の難工事を手伝い、腕を磨いたという。

福治さんは、奥出雲に春を告げる峯寺の春祭りが来ると、心そぞろに家業もそっちのけ、山寺に日参して祭りの用意に余念がない。お祭り当日の朝になると、彼の出番である。「よう参らした。私は当山の福住職福寿であります」と言って参拝者を迎える。和やかな陽光を浴びてほほえむ布袋尊と並んで、出迎えの酒瓶を提げた、布袋さんそっくりの福さんの登場に一同大爆笑。参拝の善男善女は、そのひょうきんな姿におかしくも、心癒やされたことであろう。

こうしたお祭り風景も、今は昔話となった。諸人に愛された福さんも寄る年波で、数年前に引退宣言をする。しかし、祭りの長柄持ちの仕事だけは他の誰でもない、ご子息に譲ったのである。

翌年の大祭当日、百花開き百鳥うたうめでたき日に、仲間を連れ立って参詣する福さん。「あらおじさん、元気だったかね」と、相変わらずの人気者である。やがて始まった山伏行列、朱の傘が緑に映えて、美々しく行列の後に続く。前年まで自分が手にしていた長柄を、今息子が受け継いで、粛々と目前を行く。参詣道脇から手を合わす福翁の目に涙があった。

今、悠々自適の日々。あの布袋顔のほほ笑みはますます銘酒に磨かれて、恍惚《こうこつ》の境地に輝いている。

跣《はだし》の行者

凋落《ちょうらく》の秋、いつものように愛犬ポチを連れての諸堂巡拝。お互い年を取りながらも、足元のおぼつかない私を心配し、後ろを振り返り振り返り、観音堂までの先導をしてくれる。

お堂前の菩提樹《ぼだいじゅ》の下に、半畳ほどの珍しい碑《いしぶみ》がある。そこには、中央に足跡があり、次のように刻まれている。

奥駈修行三度
裸足の行三度
大峯入峰四十度
為報恩謝徳
平成六年四月吉日
建立願主　大先達　板垣清歳

お堂前の碑

（平成22年10月31日付）

私は、はだしになり、刻まれたその足跡をなぞらえながら、左右左と三歩歩む。早暁の冷気が足を通して六感にしみわたる。はるか大峯の行場が去来する。

私の初山入峰は、昭和三十五年六月であった。女人結界発心門にてベテランの山先達に身を託し、登山の一歩を踏み出した。

麓《ふもと》から二時間の登山は、結核を患った身には大変堪《こた》える。片肺のため、疲労困憊《こんぱい》していた。やがて山頂付近まで来ると、諸国山伏の入峰の碑が墓標のように続く。私は眼前の碑にくぎ付けとなった。

大峯修行三十三度供養寶塔
供養大導師大峯山大阿闍梨　五鬼継義円
峯中出世大先達一村義長
維時大正九年九月吉日

山頂から聞こえる法螺《ほら》貝の音と、「慙愧懺悔《ざんぎざんげ》六根清浄」の声。同郷の一村《いちむら》義長大先達の励ましの声であると感じ、苦境に立たされていた私は蘇《よみがえ》った。

一村大先達は、中野村（現雲南市三刀屋町）の人、五鬼義円阿闍梨《あじゃり》の弟子となり、その法系に連なる。明治五年の修験道廃止令により、廃絶寸前であった前鬼道場にて山籠《さんろう》、苦修練行の末、修験道の奥義を窮《きわ》める。晩年は古里・中野村に帰り、一宇の堂を建立。近隣の信者の祈祷《きとう》、弟子の育成に当たる。その孫弟子に当たるのが跣《はだし》の行者、板垣清蔵大先達である。

二十九歳の時に出雲山伏先達一行に従って初山入峰、修験実修跣の行の第一歩を踏み出す。以来、板垣先達は他の大先達と同様に、その修行の道にたくさんの足跡を残してこられたのである。

「修験道は大自然の中で己を見いだす場である」と、ある若き金峰修験行者は言う。古《いにしえ》の祈りの道は、そこに足を踏み入れることによって自分を見つめなおし、大願を成就させることができるのである。

「物に栄えて心滅ぶ」と言われて久しい。混迷はますます深まるばかり、末世の世である。

今、癒やしと活力のパワースポットを求めて目覚めた若者たちは、先人たちの歩んだ祈りの古道を力強く歩み始めている。

山に消えたモンク

（平成22年12月19日付）

師走風が身に沁《し》みる候となった早暁の鐘撞《つ》きも、老いをいたわり弟子が代わってくれた。本堂に座し、耳を傾ける。明け六つの鐘は周囲の山谷に響きわたり、明烏《あけがらす》が羽ばたく。裏に回って花頭窓《かとうまど》を開けると正面に弥山が望める。この裏山にポチが消えていったのはいつの頃であったろうかと、追憶の糸をたどる。その日は今のような師走の朝であった。

まずはそのポチの生い立ちについて、再度語ろう。

山寺に住まう犬は代々「ポチ」を襲名。もう数十年前の、何代か前のポチの話である。ポチの母犬は野良犬で、寺にたどり着いた時には既に身重であった。哀れに思った家内は飼い犬として世話をすることとする。月満ちて本堂の縁の下で五匹の子犬が生まれた。ところがある日、お手伝いの娘さんを送って山を下りた母犬は麓の県道で車にひかれ、不慮の死をとげた。母を失った哀れな子犬たちは次々と死んでいき、一匹だけかろうじて生き残ったのが、件《くだん》のポチである。

まだヨロヨロと歩くかわいらしい子犬。家内が縁の下をのぞいて一碗《わん》の牛乳を与えようと呼ぶが、恐れて出てこない。しかしながら、いつしかその碗の中身は空になっているのである。決して人の見ている間は出ようとはしなかった。

そのうちに、こちらが「ポチやー」と呼ぶと、自分のことだと思って、どこからともなくとんで来るようになり、人の手の届かぬ所でお座りをする。なでようとこちらが近寄ると、さっと後ろへ身を引くのである。常に人と一定の距離をおき、決してなれなれしくすることはなかった。母親の愛情を知らずに育ったポチは、やたらと警戒心が強かった。それでもポチはやはり山寺の家族の一員。毎日訪れてくる人々のお出迎えやお見送り、夜は境内のパトロールを欠かさなかった。

ある時、古寺巡礼のアメリカ人の来訪を受けた。

「He is a monk Beautiful」と言いながらその巡礼者は、いつものように尻尾を振ってお出迎えをするポチにカメラを向け、感歎《かんたん》の声をあげた。まるでモンク（清僧）のように穏やかで、賢い犬に見えたであろう。

年月を重ね、やがて晩年という時期がくる。死期を悟った老犬は、何も食べられなくなっていた。生まれた場所である本堂の縁の下でうずくまり、独り従容として死を待つ

ポチ

姿には、安らぎすら感じられた。そして七日目の朝、ポチの姿は忽然《こつぜん》として消えていた。

　私たちは憐憫《れんびん》の情に涙した。私は鐘楼に登り鐘を撞く。一打は低く、一打は高く、裏山の山ひだを縫って響いて消えた。それに応えるかのように、私の耳に聞こえてきたのはポチの鳴き声ではなかっただろうか。山雲に閉ざされた山道をトボトボとたどり、人跡絶えた深山の朽葉をしとねとして、永遠の眠りについたであろう。そして母なる大地に還っていく、それが動物たちに与えられた自然界の厳しい摂理であろうか。

平成23年〜平成24年

峯寺の角折牛

（平成23年2月13日付）

これはさる古老から聞いた、今から百二十年くらい前の話である。

奥出雲に春を告げる峯寺の火祭り護摩供養は、毎年四月十五日に執り行われている。長い間雪に閉ざされた里人たちは、陽春の一日をその年の豊作や家内安全、牛馬の安全などを祈願して、農作業にとりかかるのが習わしであった。いつもは静かな山寺も、祭りともなれば山麓からの参道にも接待の茶店やら露店が並び、お参りの人波が続き、終日大にぎわいだ。お寺の寺務所も、講金（峯寺講）を納める人やお札を受ける善男善女で大混雑する。

そこへ品のいい老人がやってきて、「綿屋だが、ご案内いただき参上申した。法要前に牛が見たいのだが…」という申し出にも、「今は忙しいから、勝手に奥へまわって見さっしゃい」と、寺務所詰めの者は愛想なく答えた。

片や、この日の大施主《だいせしゅ》である田部家の旦那を麓まで迎えに行くため、若い者に麓へ駕籠《かご》を下ろさせたが、「いくら待っても旦那がおいでになりません」と不審顔で帰ってきた。そこへ総代方は慌てながら、「おい、確かさっきの老人は綿屋とおっしゃった。あのお方が田部の旦那ではないのか」と、足袋裸足で急ぎ裏の牛小屋へまわった。「大変なご無礼をいたしました」平に平にご容赦と、土下座して断りをし、「いやいや、お気遣いは無用、伴の者は途中で帰し、陽気に誘われて道中の山桜を楽しみながら参上申した。観音様にお預けした老牛も、お寺では迷惑であったろうが、懇ろに受育くだされ、安堵《あんど》した」。

たたらの長者、山林王と尊称された田部の旦那は、そのころ神様のような存在。恩恵を受けぬ者はなかったのである。特に、自費を投じて英国からデボン種の名牛を十数頭輸入し、郡内の篤農家に託し、そのうちの一頭は田部家の屋敷内にて飼育、畜産の改良繁殖に注がれた愛撫《あいぶ》の情は、並々ならぬものがあったようだ。

優良なる子孫を残し、役目を終えた種牛も廃棄するのに忍びなく、命が尽きるまでお寺に預け、見守ってやりたいと、観音信仰の篤《あつ》い長者の、広やかな慈悲の心、人々からその人徳をたたえられたことは言うまでもない。

デボン種は、在来の和牛と比べて体格も良く、角が低く曲がっていたので、峯寺の角折牛《つのおれ》と呼んだそうである。話を聞いた牛飼い農家の人たちは、長者の牛にあやかろうと遠近を問わずお参りがてら見学に訪れたそうだ。今でも、春の柴燈大護摩供養の残火にかざした一握りの笹の葉を大事に持ち帰り、それを飼い葉に与えると牛が丈夫に育つと、そのころの信仰を守っている人たちを見受ける。それは、かつて牛が農家の重労働を支え、家族同様に大事にされていたというお話である。

　老いていくと、終日のどかな牛の声、美しく手入れの行き届いた棚田や里山、草葺《ぶ》きの農家の裏山からは立ち上る炭焼きの煙、こうした心豊かな原風景が夢のように思い出される。

震災慰霊の日々

（平成23年4月3日付）

三月十一日、東日本を襲った大地震は、日本列島を恐怖に陥れた。テレビで映し出される悲壮な現実、時々刻々と迫ってくる。

十三日、山を下りて麓の檀家《だんか》の法事に赴く。寒い北風が去り、美しい花の季節を迎えるというのに気は晴れない。この日の法話は、自然と震災のことに触れずにはいられなかった。

「きょうは家族、血縁の方々の参席、報恩謝徳の年忌法要、先祖各霊もこの功徳を納受し、仏果増進常楽の法界に満足のことと存じます。

こうしている瞬間も、未曾有の災難に遭って命を失っていく万余に及ぶ人々に、本日の法要に併せ追悼の祈りを捧げる時、私たちは平穏無事に過ごせる日々がいかに大切であるか、あらためて感謝せずにはいられません。人生は無常であると達観して、『あくことのない欲望に身をゆだねることをやめ、自己を欲にみちた人生から解放すること、そこにこそ人間として真の喜びが存在する』と涅槃経《ねはんぎょう》に説かれています。

焚《た》く程は風がもてくる落ち葉かな

風月を友とした俳聖の境地に魅《ひ》かれる年ごろとなりました。しかし、無情迅速は世の常。安閑としてはいられません。身辺を整理して後へ伝えたいとの思いを新たにした昨今であります。神仏に感謝して子孫の繁栄を願い、幾多の困難にも耐え、先祖たちが守り育ててきた故郷こそ、私たちに遺された最大の遺産であります。心の安らぎを求めて都会地よりふるさとに心を寄せる田舎志向が静かなブームを呼んでいます。ありがとうございました」。

庭前のふくいくと香る紅梅、名残を惜しみつつ帰途につく。

驚天動地、非情なる水魔は一瞬のうちに祖霊の眠る墳墓も、社寺の森も、集落の家をものみ込み流し去った。自然がときに与える試練は残酷である。しかし東北の人たちは、黙って何もかも引き受け、どれだけ寸断されても、さまざまな縁によって結ばれたコミュニティーを再興してきた。東北の人々は、やさしく忍耐強く勤勉で寡黙であった。しかし、本来の日本人は皆そうであったのである。幾多の困難を克服して、世界に尊敬される今日の日本の姿がある。各国から災害に寄せる哀悼の意と復興を願う表明が相次いでいる。

チベット仏教最高指導者であるダライラマ法王は、日本の首相に宛てた書簡の中で「昨日、日本で起こった地震と津波のニュースに衝撃と悲しみを感じている」と伝えられた。

犠牲者家族の方々に深い哀悼の意を、そして日本国民の防災対策と被害の拡大を食い止めるべく続けている最大の努力に対し畏敬の念を示され、最後にこの苦難に際し犠牲者の霊に哀悼の般若心経十万回読経を表明された。

日々に増える犠牲者は数万に及ぶとの予想。なお収容もかなわぬ、ご遺体の痛々しさに、追悼の祈りは国内はもとより国外まで及んでいる。私たちの祈りは永遠に続くであろう。

忠僕の陰膳

（平成23年5月22日付）

「院家さんは牡丹餅《ぼたもち》は好きですか」「そうですね、若いときはよく食べました。そういえば昔、掛合の智輪上人は『今日はどこそこのなにがしが牡丹餅を持って来る』とおっしゃると、必ずその予言が当たったそうである。これも法力というところか。春の彼岸に作るのが牡丹餅、秋の彼岸に作るのがおはぎ…うんぬん」

これは、ボランティアガイド勉強中の梅木さんとのやりとり。いきなりの牡丹餅談義はさておき、話題は「みとやの民話」（旧三刀屋町教育委員会発行）に出てくる「忠僕の陰膳」の話に及ぶ。

時の住職・山伏正大先達快寶《かいほう》上人は、病後の体をおして例年通り大峯入峰修行を敢行。留守を預かる納所《なっしょ》（支配人）早平《はやへい》老は、例年に増しての気遣いようで、精進潔斎して陰膳を据え、上人の道中無事、大願成就を祈る毎日だった。

ある日、麓の信者から、上人の好物である牡丹餅を供えられた。早平は早速、上人が大切にしている茶碗《ちゃわん》に牡丹餅を盛って「院家様、どうぞ召し上がってください」と陰膳を供えた。さて、夕刻になり、お膳を下げようと上人の居間に入ると、そこにあるはずの牡丹餅を盛った碗が、影も形もなくなっているではないか。早平は顔色を失いながらも「小僧めの仕業か」と、血相を変えて小僧に問い詰めるが、皆知らないと言う。うそをついている様子もなく、皆で寺内隅々まで探したが、やはり見つからない。「院家様が大事に大事になさっていた茶碗をなくしてしまった。何とおわびをしたらよいか」。早平は心配で夜も眠れないほどだった。

　やがて、六月下旬に出発してより五十日ぶりに上人御一行が帰山される日を迎えた。山内一同玄関に出迎えるほどに、疲れも見せずおかごより立ちいでられた山伏姿の院家は

大峯山山頂付近から眺める雲海

「留守中ご苦労であった。おかげで大役を果たして無事帰山した」。ふと、うなだれて顔をあげない早平に気付いて「どうした早平、気分でも悪いのか。そうそう、牡丹餅はおいしかったぞ」。早平が驚いて顔を上げると、上人は懐中より茶碗を取り出した。

「二十一座の護摩行を終えて身も心もさわやかに、結願の礼拝をし、ふと仏前に目をやると、この碗があるではないか。しかも好物の牡丹餅が盛られているではないか。これはおそらく、早平が私のために陰膳を据えて、道中安全を祈ってくれていたのであろう。そして、早平の真心をくんだ寺の裏山の天狗《てんぐ》が、私のもとへ運んでくれたのであろう」。上人はこう語り終えると、早平の労をねぎらい、その真心に感謝したのは言うまでもない。

山寺に伝わる民話を語るとき、先祖たちの敬虔《けいけん》なる気持ちが伝わってくる。

次の神仏霊場巡拝に参加される梅木さんには、出雲神話に連なり、尊崇を集めてきた社寺に思いをはせ、ガイド（先達）の勉強を期待すると伝え、梅木さんも大きくうなずいて下山された。

仁王尊と拳銃

（平成23年7月10日付）

「峯寺の仁王さんが拳銃で撃たれたそうだ。撃ったのは復員三人組らしい」。狭い集落内での噂《うわさ》は瞬く間に広まった。私がこの噂を耳にしたのは、半月もたってからであった。

毎日のように山の登り降りにくぐっている築三百年の仁王門は、修行坂の中腹に建つ。かやぶき屋根で間口三間半、奥行き二間、一間の通路の左側に阿形《あぎょう》、右側に吽形《うんぎょう》の二尊、尊の前面には三寸角の荒格子が立ち、横・奥の三面は板壁に囲まれている。三百年の風雪に耐え、古色蒼然《そうぜん》とした尊像は、格子の間からよほど目をこらさないと、はっきり拝めない。その時は特別変わった様子は見られなかった。

戦後六十余年の古い記憶をたどってみる。復員三人組をわが家へ迎え入れたのはその年の八月下旬、残暑の頃であったと思う。山麓の農家の、いずれも長男坊。結核を患って若くして亡くなった私の兄の幼友達である。寺の境内を遊び場として育ったわんぱく小僧であった。

出征時の、短剣をつって第一種軍曹のりりしさはどこにもなかった。「よく帰ってきなさった。ご両親はさぞお喜びだっただろうね」。母は亡き兄を思い浮かべて涙声になった。私は三人を兄のお墓へと案内した。三人は深々と頭をたれ落涙数行、不幸にも病床に臥《ふ》した兄に対して、彼らは何を語ったであろうか。

墓参を終えた三人は足取りも重く、夕暮れ過ぐる坂道を下りていった。途中、仁王門の西の石段に腰をおろした。三人は何を思ったであろうか。K君の拳銃を他の二人はしきりに気にしていた。

「弾が残っているだろう。抜いたらどうだ。今死に急ぐことはない。命は君だけのものではない。生きる道を考えようではないか」

二人の慰めの言葉を聞いたK君は突然に立ち上がった。仁王門裏側の板壁の隙間から銃口を仁王尊に向け、拳銃は火を噴いた。二人は止める術もなかった。「何たることを」。二人は絶句。拳銃を取り上げて谷底に投げ捨てた。K君の抑圧された激情は、仁王尊に向かって暴発したのである。

平成十一年四月、仁王尊は境内山門に遷座。その折に行った尊像解体修復の時、仏師に弾跡があるはずと入念に確かめてもらったが、かすり傷一つなかった。仁王尊は微動だにしなかったのである。

戦後の厳しい時代、故郷創生の良きリーダーとして同志であり、また、霊場護持の外護者でもあった三人。しかしK君は五十三歳で惜しくも病没。他の二人も近年、相次いで亡くなられた。三人は生前、重い口を閉ざして真相を語ることはなかった。しかし昨年のこと、三人と共に地元創生を願った同志の一人から聞いたところによると、ある時たまたまその折のことを明かされたと言って、以上述べた真相を語った。

衆生に代わって災難を受ける代苦を誓願とする仁王尊に、K君は救われたのであろうか。

銘木を取り返した母

（平成23年8月28日付）

昭和十一年、父は四十七歳の若さで亡くなった。高野山で修行中の長兄を頭に六人の子どもを抱え、寺を守らなければならなかった母の苦労は、並大抵ではなかった。寺院の代替わりには大なり小なり、財産相続、または後継者をめぐってお家騒動はよくあった。寺の山番頭に取り入って、境内の銘木を借財の整理にかこつけてかすめ取ろうと腹黒い業者があったことは、寺にとっては重なる不幸であった。

母は、今まさに大斧《おの》をふるって切り倒される寸前の大樹を身を挺《てい》して差し止め、銘木三本を伐採から取り返したのである。母四十歳、私は九歳、今から七十四年の昔のことであった。

時を経て昭和五十七年元日の早朝、山門火災が起きた。初春を寿《ことほ》ぐ世間の人たちは驚愕《きょうがく》した。母の主治医であった木村先生は、氏神様への初詣の途中にもかかわらず、警察や地元消防団で張り巡らされていた阻止網を突破し、母のためにお見舞いに来てくださった。その母は二階の窓をいっぱいに開け、紅蓮《ぐれん》の炎で額を焼きながら経を誦《じゅ》し端座、

山門落慶

その姿は正に不動明王のようであったと、木村先生の後日談であった。

築三百年の山門は消失した。猛火に脅かされながらも、本堂庫裡《くり》への類焼をまぬがれたのは、奇跡的としか言いようがない。余燼《よじん》くすぶる中、その日の午後には町長、寺総代、地元代表さんたちによって再建会議が開かれた。この年は、くにびき国体のソフトボール会場を三刀屋町が担当。峯寺ユースホステルは全国の役員さんのゲストルームとして宿泊接待を受け持っていただけに、町長以下関係者は、それに間に合うようにと熱望された。

再建への態勢は着々と整えられ、順調に進んだ。ひとえに町長はじめ檀信徒、地元町民の並々ならぬ協力の賜物《たまもの》であった。節分には地鎮祭。次いで再建の用材となる観音堂の銘木、松、高野槙《こうやまき》、樅《もみ》の木三本の大樹に、山伏によって斧入り式が行われた。母が死守した三本の木で再建材は十分にまかなえた。

それから突貫工事で、菊花香り瑞気みなぎる十月一日、山上にそびえ立つ昭和の山門は、盛大なる落慶法要が行われた。三刀屋町の歓迎の門として県内外の体育会賓客を迎えることができたのである。

その後の昭和六十年、八十八歳米寿を迎えた母の日記には「罰当たりの私が唯一良いことをした。それは観音様の境内の木、松、高野槙、樅の木の三本の銘木を取り返したことである」とある。

山寺の環境を生かし、社会に役立ち、人々に喜びを与える寺でなくてはならない。三本の銘木は、長い間人々の心の支えとなり、また、今こうして山門の一部として見事に生きている。母が守ったものは、単に「銘木」と言われる、人々を魅了する肩書のみならず、命を生かす（物を大事にする）という、仏教的な心をも守ったのであろう。

祈りの道「世界遺産熊野古道」

（平成23年10月16日付）

長い冬籠《ごも》りの山寺に、札所寺の賑《にぎ》わう花の季節の訪れは、巡礼者の鈴の音と共にやってくる。

遠くからの諸国巡礼の参籠者をお世話することも寺の務め。忙しく立ち働く母に代わって私がお世話をすると、「坊や、爺《じい》がお話をしてあげよう」と私に呼びかけ、老翁の膝に抱かれながらノンノン様のお話。子守唄のように聞き入り、眠りにつく。夢路をたどる幼心に美しく優しい、観音様の妙《たえ》なる音楽、百花咲き百鳥うたう、メルヘンの世界であった。

「歩み入る人」「去りゆく人」、人を迎える喜び、去りゆく人との別れ、人生の哀歓を心に育てながら、私は巡礼寺の子として観音様に守られながら成長してきた。

観音菩薩は補陀落山《ふだらくさん》におわすと言われている。華厳経によると補陀落山は南海に浮かぶ須弥山とされ、光輝に満ち、花果草木が生い茂る水の豊かな浄土であるイメージが重ねられる。インドの南海岸に位置すると言われる一方、観音信仰の東伝とともに東アジアにも伝播し、チベット仏教の聖地、ポタラ宮、中国浙江省の普陀山、韓国江原道の洛山寺は、いずれも補陀落山に擬された場所である。また、わが国では西国一番札所のある、熊野那智がそれに当たり、古来多くの信仰を集めた。そもそも西国三十三カ所、また、地方の観音札所が峻険《しゅんけん》な山に位置する寺院が多いのは、補陀落山に擬した地形に建立されたのであると考えられる。

大峯入峰修行の山伏達

台風12号の豪雨で甚大な被害を受けた世界遺産「熊野古道」は、すでに復興への歩みが始まった。「貴重な遺産を次世代に継承するため、死力を尽くして早急に復旧させたい」。先祖から受け継がれてきた神仏に対する厚い信仰と使命感は、自らを省みず苦難に立ち向かう社寺、地元の人たちの献身的な尊い姿となり、同じく神仏を尊崇するわれわれ出雲人の胸に深く心打たれるものがある。

紀伊半島を南北に縦断する大峰山系の北の端にある吉野山から、南の果て、熊野三山まで至る「奥駈け修行道」、山伏たちは今もこの難所を走破し、太平洋の波が押し寄せる熊野三山に足を伸ばし、この間一八〇キロ、七十五カ所の聖地行場を巡る道で、古くは平安の貴族から庶民たちまで足跡を刻んだのである。

国土の七割以上を山で占めるわが国において、日本人は古代より山は神仏祖霊の在《おわ》す世界であると考え、畏れをもって仰ぎ見てきた。そしてその世界に入るということは、聖なるものに触れるという宗教意識に根ざした入山であった。その基層の部分に関わるのが修験道であり、神仏混交の山伏的な宗教観である。

神道が成立し、仏教や道教の外来思想が入るのに及んで修験道の形成を見るが、山に入るのは、常に神とも呼び仏とも呼んで聖なるものとの関わりの中で行われてきたのである。

「紀伊山地の霊場と参詣道」が、ユネスコ世界遺産に登録されて以来、古道行脚が静かなブームを呼んでいる。

観音様とお茶

（平成23年12月4日付）

寂寞《じゃくまく》の秋、菩提樹の病葉《わくらば》散り敷く観音堂の石段に腰を下ろし、夕暮れの一刻を過ごす。現今世のうつろいと共に、この修行坂を上り石段に杖《つえ》引く人が絶えて久しい。思い起こせば、その日（大茶会）のことが走馬灯のように浮かんでくる。

当日、お茶会を目指す人々の群れは麓より境内まで続いた。仁王門をくぐり最後の難関九十九の石段を上り終え、香煙《こうえん》香り紫雲たなびく観音堂の境内に立てば、洗心の思いであったろう。昭和二十八年四月二十九日、その日のことを山陰新報（現・山陰中央新報）は左記のように報じている。

「第一回山陰各流合同春期茶会が二十九日、峯寺で行われた。遠くは米子、松江、出雲、大田方面から茶人約六百名、一般来会者二百名がおしかけ、中には田部喬子、村松宗喜、木幡吹月、山田宗溫、木佐宗富、森山観翠庵、後藤松風庵、貴谷精之助、泉松代、などの諸氏の顔もみられた。茶席は三齋流観翠庵（出雲）、不昧流大円会（松江）、裏流木佐（平田）、村松（松江）、山田（出雲）、表流西村（大田）、各社中が六席を設け、会場には峯寺所蔵重要文化財、絹本著色聖観音画像、又、有志出品の光英蒔絵茶箱、松花堂横軸、不昧公花入れ、江月の横軸などの逸物が出品され、とくに大半を占めた若い女性群の晴れ着姿が会場に花を添えた」

戦後の混乱期もようやく収まり、長らく逼塞《ひっそく》していた茶人たちも茶道に寄せる執心の思いを結集《けつじゅう》したのである。天長節（天皇誕生日）を卜《ぼく》してこの日を迎えるにあたっては、里人たちによって境内参道は隅々まで掃き清められ、薪《まき》を運び、裏山の清水を引いて湯を沸かし、遠来の参客茶人たちが山内に満ち溢《あふ》れている、その盛況を喜ぶ里人たちの顔は華やいでいた。

不昧公ゆかりの雲州流庭園に繰り広げられた野点《のだて》の趣向は、作庭当時を思い浮かべる圧巻の様相。重要文化財聖観音画像は、戦後初めて一般に公開、本席の床に展観されることとなった。観翠庵入門間もない私にとって、感無

木幡吹月氏（右）と筆者

量なるものがあった。

大茶会の企画運営に当たった観翠庵祥山宗匠は昭和二十六年の秋、田部家を訪問。ご当主に伺うと、たまたま話題が峯寺のことに及び、当家は代々松江藩の意向により、峯寺護持に当たるよう仰せつかり、聖観音画像の修復は当家十九代豊房が京都の表具師に、箱は勝軍木庵《ぬるであん》光英に命じて作成した。精緻を極めた蒔絵《まきえ》で、「紫雲立つ　峰の景色や観世音」と書かれた短冊の表書きは豊房の書であると拝聴。観音信仰の篤《あつ》い宗匠は、田部家の信仰、そして茶道の造詣の深さに、さすが日本一の山長者と、その威光に打たれた、とのことであった。

観音様とお茶のご縁で大事にしていただいたこの寺には、この混迷の時代だからこそ守っていくべきものがたくさんある。当時の大茶会で残していただいた寺への思いを、また後世につなげていきたいと思うばかりである。

絆　～山寺のお正月～

（平成24年1月29日付）

霊山の迎春は大晦日《おおみそか》、除夜の鐘より始まる。峯寺ユースホステル（昭和四十六～五十八年）の一夜の宿りが縁となった一少女の願いが、善意の輪となって多くの人たちの賛同を得て再建された、絆の鐘である。青春の夢を旅に求め、たまたま峯寺での出会いが友情の絆となり、四十年たった今でも続いている。今年の鐘は、東日本を襲った大震災や紀伊半島を襲った水害など、大災害犠牲者の鎮魂と、復興祈願の象徴となった。

平成二十三年三月十一日、日本人の誰もが忘れることのできない出来事が起こった。それからしばらくして後、アメリカから一通の手紙が届く。

こんにちわ　みんなさん（皆さん）　だいじょうぶですか　地しんと津波わ（は）　ひじょに（非常に）　ざんねんなことです。てつだいです（お手伝いしたいです）。どうできますか（どのようにしたらよいでしょうか）。どこえ　お金をだしますか（送ったらいいでしょうか）。日本さま（日本の皆さま）、がんばて（頑張って）ください。
MATSUURA SAMA みねじへ　ダグラスより

このたどたどしい日本語の主は、昭和五十年三月より約半年間、峯寺ユースに滞在した早稲田大学の留学生ダグラスさんである。彼は早稲田大学に留学した折、日本の陶芸を学びながら日本文化に触れたいという希望を持っていた。大学側の許しを得て、半年間のホームステイ可能な家と、その近辺に彼の求める教えを乞う窯元の有無等、条件の整った場所として選んだのが「峯寺」であった。

彼が峯寺での生活で気に入ってくれたことの中に「お茶」がある。毎日の来客に、また家族で一日一回は必ずお抹茶を喫するのが日常化していること、陶芸を勉強する彼にとって、それは日本文化の象徴と位置付けていたものと思う。

さらに興味を魅《ひ》かれたのが精進料理である。ベジタリアン志向の彼は、野菜を中心とした日本の和食文化に開眼され、帰国した後もさらに料理の勉強を続け、後にカリフォルニア州にあるリゾート地、タホで日本料理レストラン「ウルフ・デール」を経営することとなる。そんな彼が寄こしてくれた先述の一文にある手紙、彼の日本に対する思いが私たちには痛いほどわかる。

除夜の鐘とともに厳修されるお護摩の火は、元旦を迎えると参拝者の手に渡される松明《たいまつ》へ点《つ》けられ、一人一人が今年一年の健康と、大災害犠牲者の追悼、被災地の早期復興を願いながら、大先達の吹く法螺《ほら》の澄み渡った音色と、山荘で迎える火祭り太鼓の轟《とどろ》きが全山に響き渡る中、行列をくむ。

遥《はる》かアメリカからエールを送ってくれたダグラスさん、そして新たな年を迎えるにあたって、特別な思いを込めてお参りされた皆さん、その一人一人の思いが被災地に届きますように、そして災害に遭われた多くの人たちに幸福が訪れますように、と祈る元旦であった。

祈り　～清盛の時代に見る峯寺の観音様～

（平成24年3月18日付）

今年五十年の節目を迎える大河ドラマは、ご存じ「平清盛」である。これに連動して、彼の波乱に満ちた生涯と彼が生きた時代の姿を浮き彫りにしようと試みる展覧会「平清盛展」が東京、神戸、広島、京都と順番に開催される。その中に、峯寺所蔵の重要文化財「絹本著色聖観音画像《けんぽんちゃくしょくしょうかんのんがぞう》」が一部で出展されることになっている。

清盛が生きた平安末期は、貴族社会の揺らぎ、天皇家の確執から発展した武力闘争、やがて武士の世へと移り変わっていく転換期であった。独裁的権力を握り、栄華を極めた平氏もわずか二十数年のうちに滅ぼされ、代わって源氏が武士政権を確立していくという、まさに動乱期であった。そんな中、多くの人々が戦乱の渦に巻き込まれ、人々は過酷な現実よりも仏の浄土へと救いを求めるようになった。

古来、神霊を斎《いつ》く島として畏敬されていた厳島《いつくしま》。瀬戸内海の勝地を占めるこの島に対して、海の覇者清盛は篤《あつ》く崇敬し、平氏一門の繁栄を願って「平家納経」を納めている。平家納経は、法華経二十八巻に開経と結経、さらに二つの経典を合わせた三十二巻を、平氏一族郎党三十二人によって書写し、清盛が書いた願文を加えた三十三巻は、厳島大明神の本地仏である観世音菩薩三十三応身に合わせたもの。最高水準の工芸技術を集めて善美を尽くした装飾経である。また清盛は、家門の隆盛は御祭神の霊験と敬い、絶頂期の仁安三年（一一六八）、絢爛《けんらん》華麗な海に浮かぶ社殿を造営（再建）したのである。

清盛が活躍したこの時期、平家納経のように、平安貴族の洗練された美意識を反映する繊細優美で華麗な作品が生まれた。密教修法における加持祈禱《かじきとう》に用いられた絵画に、時代の特徴が顕著にみられる。その中に峯寺の観音様がある。除病息災のための聖観音法の本尊として作られたもので、彩色法や截金文様《きりかねもんよう》を駆使したこの画像は、院政期の加飾技法の粋が発揮されており、平安時代唯一の聖観音画像である。

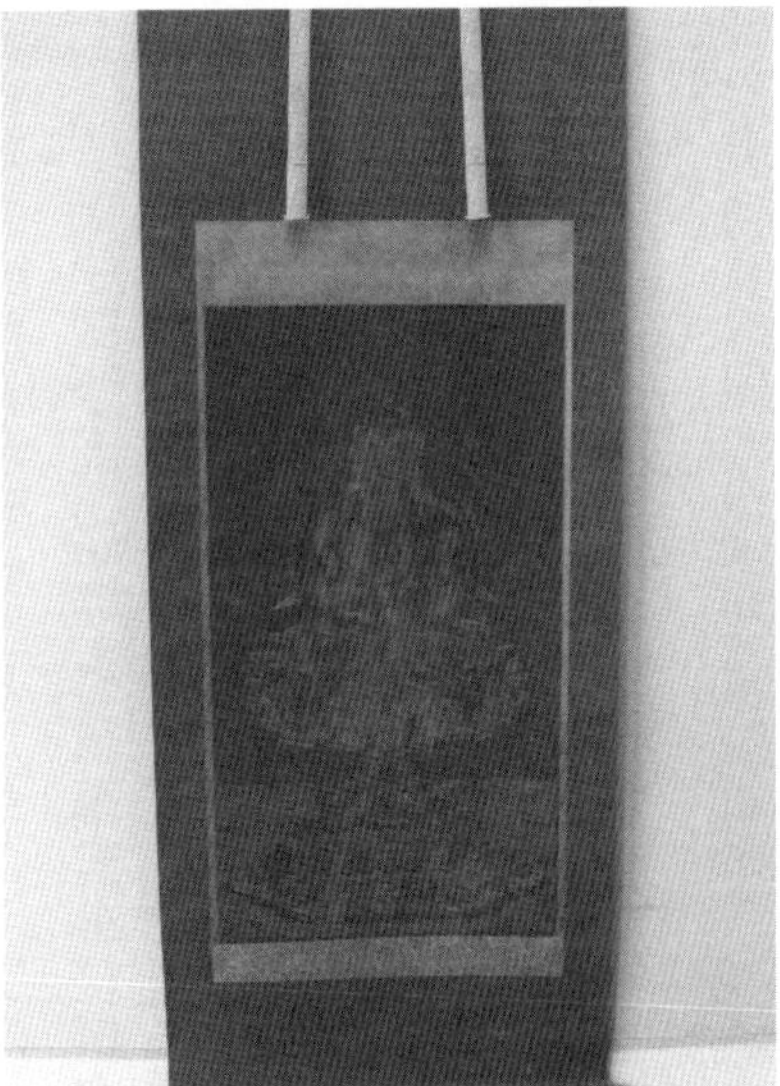

重文　絹本著色聖観音画像

戦乱の世に生まれた観音様は、九百年もの間、たくさんの祈りに触れられてきた。貴族たちの祈りから始まり、やがては庶民の祈りの中心ともなって時代を駆け抜けておいでであろう。

戦前戦後を生き、大病を患い、生死を彷徨《さまよ》う試練もあった私も、おかげさまで観音様の御慈悲により、八十数年の今日まで生かされている。本当にありがたいことである。

東日本大震災から一年がたった。日本各地のみならず、海外からも祈りの黙禱《もくとう》を捧《ささ》げ、犠牲者の追悼法要が執り行われた。われわれ年老いた者が残せるとしたら、やはり祈りの心ではないのだろうか。追悼の鐘を撞《つ》きながら海の底まで届けよと、復興を目指す人々に御仏《みほとけ》の御慈悲があらんことを。

可愛い子には旅をさせ

（平成24年5月6日付）

長い山寺の冬籠《ごも》りに春の訪れは待ち遠しい。四月三日、夕暮れの山門に一人旅の少年を迎えた。兵庫県の明石から来た小学五年生の少年は寺族の甥《おい》、春休みを利用して山寺体験に来たのである。

体が隠れるほどの大荷物を背負った少年は、老犬のポチに出迎えられる。出迎えるというよりも、ポチはそのカバンに興味津々。何か美味《おい》しそうな匂いを感じとり、小さな少年の周りをウロウロとついてまわる。残念ながらポチへのお土産はない。その代わりに入っていたものは与えられた春休みの宿題などの勉強道具他。

学校の勉強、塾通い、親の期待を一身に背負って進学コースを歩む一人子の旅姿。しかしこの山寺で過ごした三日間は何もかもが珍しく、学校では学べないことばかりであろう。

初日の夕食は名物の精進料理の他、採れたての山菜をお婆《ばあ》さんが天ぷらにしてくれて、お腹《なか》いっぱいに満たされた。翌日は副住職の用事に付き添って外出。雨の降る斐伊川土手のドライブ。仏経山を始めとした山々に霧がかかっている様相は、少年にとって神話の舞台そのものを駆け抜けるかのように感じたという。三日目は弥山登山。副住職を先頭に、少年、寺族、ポチまでもがついていく。奥出雲の眺望を楽しみながら聴く出雲神話も、彼にとっては貴重な体験。他にも自然に親しむ楽しさを存分に味わってもらった。

別れの日がきた。その日はお祭り準備のために地元のお年寄りたちによる奉仕作業の日。信心深い皆さんのおかげで、祭りに向けて境内は綺麗《きれい》になった。奉仕作業のお礼はいつも簡単なお食事をお出ししているが、今年はそれだけではない。一宿一飯の恩義か、少年は寺の人たちのために、あるいは一生懸命掃除をしてくれたお年寄りのために、彼得意の落語を一席披露するという。

副住職の口上よろしく鳴り物入りで登場した豆落語家。落語を聞く機会の少ない出雲のお年寄りたちにとって、一生懸命身ぶり手ぶりを使って演じるこの豆落語家の話は新鮮そのもの。「時そば」「んまわし」「道具屋」「動物園」「縁起かつぎ」と、よどみなく語り終えた豆落語家に対し拍手喝采。少年のおもてなしは大成功に終わった。

少年は山寺での充実感を存分に味わい、爽やかな笑みを残して、両親の待つ明石へと帰っていった。

　去り行く少年を見送りながら私の脳裏に浮かぶのは六十年前のことである。戦後荒廃した山寺に晋山《しんざん》（住職に就任）したころ、駆け出し住職の最初の仕事は里親であった。長島の愛生園から送られてきた、三重苦を背負った孤児は、先の少年と同じ小学五年生。家族の一員として一緒に生活したのもつかの間、私の結核発病により、少年は寂しく去って行かざるを得なかった。私の若き日の、痛恨の思い出である。

　晋山六十年、この間古寺巡礼の人々から頂いたご縁を心の糧として、存命（今在る命）の喜びを思う今日この頃である。

ダグラス・デール君へ

（平成24年6月24日付）

お元気ですか。東日本大震災から一年三カ月、今なお深い悲しみの中、復興祈願、震災犠牲者慰霊の日々を過ごしています。あなたから託された義援金は、ようやく福島へ届けることができました。報告の手紙を認《したた》めます。

去る五月二十九日より四泊五日、陸奥国《みちのく》三県、岩手・宮城・福島へ、老妻と二人、祈りと慰霊の旅にでかけました。老体病躯《びょうく》の二人の身を案じて、東京在住の広浦雅敏君が旅の全行程を企画し、また大阪在住の藤原洋子さんは道中の介護をかって出てくれ、安心安全の旅を続けることができました。

この二人は、かつてあなたも利用した峯寺ユースホステルの一員で、旅の一夜の出会いによって結ばれた厚い友情が、四十年たった今も続いている仲間です。つまり、あなたの峯寺を思う心、日本を思う尊い心も分かち合うことのできる大切な仲間です。新幹線と、広浦君の運転するレンタカーを乗り継ぎ、三県の被災地を四日間かけて巡りました。

テレビ、新聞等で連日報じられた被災地の惨状は把握していたつもりでしたが、その土地を踏みしめて空気に触れて愕然《がくぜん》としました。一見、平穏そのものの青い海、整地された集落跡。しかし、水底や沿岸の瓦礫《がれき》の下には今も眠る三千有余の遺体があります。各霊の安らぎを至心《ししん》に廻向《えこう》致しました。

西隆寺にて記念撮影

旅の四日目、いよいよ念願の奥会津三島町・西隆寺を訪れ、あなたから託された義援金を渡しました。私どもを温かく迎え入れてくださった遠藤由美子さんは一見、観音様のような優しいお母さんのような人。どうしてどうして、奥会津書房主宰、県教育委員長、「ふくしま会議」運営委員会後援者の有力メンバーの一人として活躍されている情熱的な人でもありました。

昨年十一月に開催されたこの会議の要旨には、こう記されていました。

「三・一一以降、未曾有の原発事故により福島の人々は放射能汚染と向き合わざるをえない状況に追い込まれました。暮らしが根底から一変しました。八カ月たった今、前向きに生きようとする多くの福島の声が生まれています。（中略）人々の命と暮らしを守るために、それらの声が集まり交流する場、そしてその様子を県内外、世界の多くの人々に届ける場が求められています。福島の声を届けることも聴くことも、日本にとって、世界にとって、すべての人々にとって、未知の課題と向き合う力になります。（中略）『ふくしま会議２０１１』は、福島の人々が今聞きたい話を聞き、今語りたいことを語る場所です。（中略）明日への希望を見いだし、一つ一つのアイデアを実行に移していくこと、そして福島の声を世界に届けていくことを目的として、このたび福島の地で開催します」

西隆寺本堂の外陣の天井裏に巣をかけたツバメの家族。子つばくらのかしましいさえずりに送られて庭に出てみれば、菩提樹《ぼだいじゅ》の青葉の木陰に憩う三十三の観音様の慈眼。あなたの善意がフクシマの人々を勇気づけ、力となることを祈って下山し、帰雲の途につきました。

孝養軒の行者たち

（平成24年8月12日付）

山上の涼風を独り占めして、早暁の境内を巡拝する。老犬ポチがヨタヨタとついてくる。かつてはイノシシと格闘した愛犬も寄る年波、この酷暑がしのげるかと心許《こころもと》ない。観音堂前に佇《たたず》む「孝養軒」の四方を開け放ち、しばし独座。かつてこの地に来し方を想《おも》う。

この建物は大正の頃、もともと川向こうの洞光寺山麓に位置する山伏の住む祈禱《きとう》所であったが、老山伏の帰峰（死去）の後廃虚となり、数年後その遺徳を偲《しの》ぶ弟子たちにより、当山の参籠《さんろう》所としてここに移築・再建された。「行者寮」という名前を付けられ、観音巡礼の人たちのお籠《こも》りの場所となったのである。

昭和四十六年（一九七一）、峯寺ＹＨ（ユースホステル）開設時には、行者寮は長期滞在者の宿舎にあてた。東日本大震災に際し、米・カリフォルニア州から義援金を我々に託してくれたダグラス・デール君も約四十年前、半年間の峯寺滞在時にこの行者寮を利用した。

陶芸を中心に日本文化を勉強する目的で来日留学した彼は、毎日峯寺から川下四キロの路を、悠久の神話に思いを馳せながら自転車を走らせ、斐伊川対岸に位置する古窯・舟木哲郎氏の元へ日参する。帰っては、我が家となっている行者寮の半分を修業場としてあてられていた。青い目をした彼がじんべい姿で無心にロクロを回している姿は、観音巡礼にきた参拝者から見れば、驚きの光景であったかもしれない。

自分を見つめなおすために行者寮を利用した若者もいた。二、三日の滞在期間中、ずっと行者寮に篭り本を読み続けた若者も、今やもう立派なお爺《じい》さん。遠来の受験生もこの行者寮で受験勉強をした。一週間篭って勉強を続け、見事に志望校に合格したのである。

「行者寮」、名前だけ聞けば境内の一角に佇む御堂のようにも聞こえるが、実態は蛾《が》などの虫がたくさん飛び交い住まう、現代の感覚で言えばお世辞にも心地よい空間とは言い難い代物である。

今から百年も前のこと。ドイツで起こったYH運動は、嵐にあって困っていた少年たちに簡易な宿舎を提供したことに始まる。日本で言えば、四国八十八カ所寺院の参籠所、道中の善根宿に当たるであろう。当山でもYH発足当時は、日本の古寺巡礼を目的にやってくる外国人で賑《にぎ》わったこともあった。

蛾や虫が飛び交う中で過ごした彼らも、もう還暦となる。物置と化した行者寮を憂い、平成十九年の年末、かつてここを利用したことのある篤志家によって修復・再建された。奇《く》しくも翌年の春、ダグラス君が急きょ峯寺を来訪。早速新しくなった行者寮に夫婦で泊まった。三十年以上前の姿とは異なっていても、彼にとってはその頃にタイムスリップしたであろう。

我々にとって彼らは、四十年たった今でもその絆を強めてくれる大切な息子たちである。故にこの新築された行者寮は「孝養軒」と改めたのである。

山伏と法螺

（平成24年9月30日付）

大正七年秋、母は出雲の山寺に嫁いできた。京都洛中にある西本願寺門前の仏師の家に生まれた母にとって、出雲は遠い異郷であった。女人禁制の遺風の残る山寺に入山が許されたのは、雪深い奥出雲・亀嵩の末庵で一冬を越した後の春のことであった。父に伴われ、残雪の残る修行坂をたどる旅姿の母の足は重かった。

四月十五日、奥出雲に春を呼ぶ峯寺の火祭り、修行坂を山伏先達入山の法螺《ほら》が鳴り響き、雲南各地から参集する善男善女の列が麓から境内へと続く。出雲札第九番札所の観音堂には、巡礼の御詠歌が流れ、お接待に憩う人々、また、境内に軒を連ねた露店に群れる子どもたちで賑《にぎ》やかである。

午前中、本堂での花の法要、大般若法会に続き、午後は火祭り柴燈大護摩供《さいとうだいごまく》が開山役行者を祀《まつ》る行者堂で、雲南各講社を取り仕切る大先達によって執行される。都育ちの母にとっては、見るもの聞くもの全てが驚きであった。

神仏分離令により、明治五年、修験道は廃止され、関西十六カ国の山伏を統括する袈裟頭《けさがしら》であった山内の修験寺院・阿厳院《あごんいん》は廃寺に追い込まれ、峯寺山内の修験道色は一掃された。これにより、法灯を誇る大峯入峰《にゅうぶ》も、昭和四十一年に再興するまで途絶えることとなった。

しかし、阿厳院は主坊峯寺に統合され、以後、在家先達によって護持継承された。大峰山信仰は絶えることなく、法灯は立派に守られたのである。修験道の花、柴燈大護摩供は、在家先達によって執行される由縁《ゆえん》である。

曾孫を抱く著者の母

入山以来、庫裡《くり》の奥まった居間にひっそりと暮らす母のつれづれの慰みとなったのは、古典にしたしむ読書であった。中でも西行法師の山家集は、終生手放せぬ座右の書であった。

昭和十一年二月十五日、お釈迦様《しゃかさま》涅槃《ねはん》の日と同じくして父は四十六歳を一期とし、入寂した。涙を流すいとまもなく、後に残された母は父に代わって寺院護持の重責を背負うこととなった。

一三〇〇年の昔、山を開かれた役行者に手を合わせ、修験の聖地・吉野山に庵《いおり》を結んだ西行法師の風雅な心。生まれ育った古都の雅を心の糧とし、それが母の生涯を支えたことであろう。

平成二年四月十九日朝、裏山の西行桜が散り初めるころ、九十三歳の天寿を全うし、父の待つ花の浄土へ旅立った。

母の苦難の生涯を偲《しの》ぶ山伏の追悼の法螺は、嫋々《じょうじょう》と高く低く霊山に消えていった。

ピアノ由来記

（平成24年11月18日付）

十月六日、森の音楽祭が催された。久々のピアノの出番である。会場は築二百年の古書院、藩主御成りの間の上座にピアノが置かれた。背景はライトアップされた由緒ある庭園、大国主命と須世理姫のロマンを秘めた弥山が借景となっている。歌、ピアノ、フルートと、天上より舞い降りたような美女のトリオ。メゾソプラノの歌姫は、郷愁を誘う東西の叙情歌を熱唱、聴衆は陶酔の境地へといざなわれる。フィナーレは全員で童謡「紅葉《もみじ》」を歌う。

秋の夕日に　照る山もみじ
濃いも薄いも　かずある中に
秋をいろどる　かえでやつたは
山のふもとの　すそ模様

歌宴は終わった。皆さんとの合唱に心満ち、癒やされた人々は星影に照らされた山路《やまみち》を降りて家路に急ぐ。もとの静寂に帰った山寺に取り残された私とピアノ。また一つ思い出が刻まれた。

今から四十年の昔、やんちゃ盛りの末娘が「ピアノ欲しい、ピアノ欲しい」と母を困らせた。「今、寺は貧乏だからピアノは無理よ」とのそっけない母の言葉。その頃、ピアノや車などは、田舎町でもある家にはあった。どうしても諦めきれなかった娘に、母は半分冗談でこんな助言をした。「ふもとのおばさんたちはな、山に入って蕗《ふき》をつんだり、榊《さかき》をとったりして町へ売りに行き、お金を稼いでいるんだよ。あんたも谷川に生えている芹《せり》でも摘んで売りに出てごらんなさい」

仮にこんなことをしても何年かかるか分からない、気の遠くなるような話に諦めてくれれば、という母の思惑は外れ、娘は手も足も真っ赤にしながら雪をかきわけ、谷川の清流に育つ芹を摘み、「明日は町へ売りに行くよ」と言う。それを聞いた母は、そんなことしたら世間の笑いものになると困った。

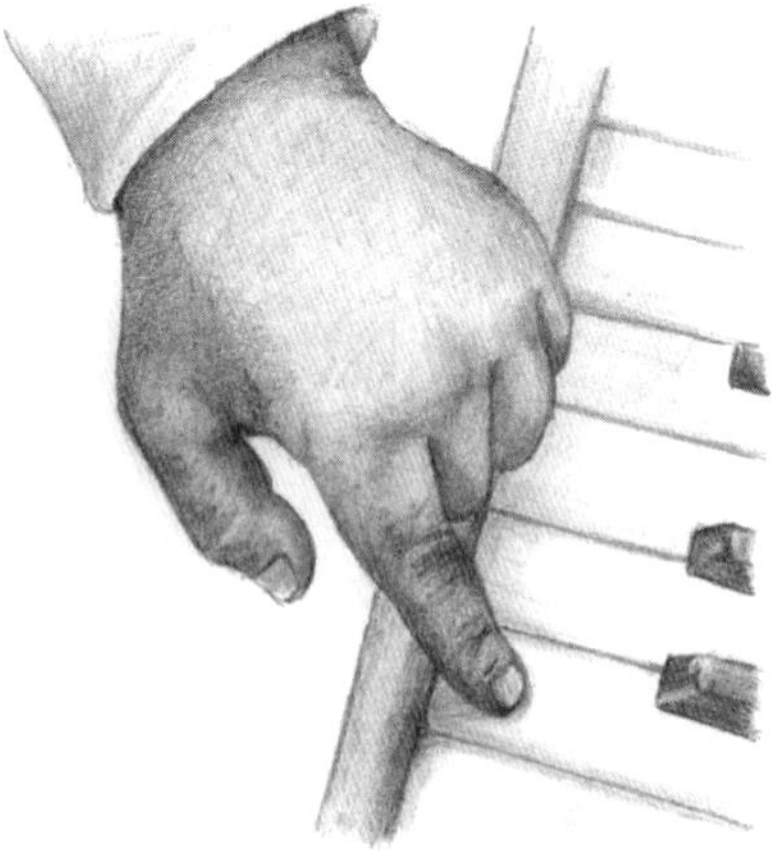

町の知り合いの奥さん方に電話をして事情を話し、参りましたらよろしくと懇願した。翌日、娘は意気揚々と出かけて行く。夕方になると、ふくらんだ財布を大事そうに持って帰ってきた。「みんな買ってくださったよ。この次の日曜も頑張ろう」と、その勢いは増すばかりである。

その頃、寺ではお茶のお弟子さんたちの精進料理の講習会が開かれていた。講師は本山仁和寺の台所方を務める中村さん。娘のことが話題にのぼり、赤面した母は、皆さんにご迷惑をおかけして申し訳ありません、と謝った。そうしたところ、町医者の奥さんが口を開いた。「そうそう、私の娘も卒業してピアノがあいています。お寺で役立つのであれば使っていただけないでしょうか」

母は奥さんの顔が観音様に見え、思わず合掌した。その春、峯寺YH（ユースホステル）は開所した。家族経営のささやかな山寺のYH、娘は希望に胸がふくらんだ。ピアノもスタッフの一員、玄関で旅の若者たちを迎えることとなった。

ピアノのある山寺のYH、それが噂《うわさ》を呼び、森の音楽会となって実現。YHの行事の一つとして、今に至ったのである。

平成25年～平成26年

みちのくの子供たち

（平成25年1月13日付）

みちのく祈りの旅、平泉中尊寺に参拝したのは昨年五月三十日のこと。五町ほどの参道をあえぎあえぎたどる。一関近郊の中学生の遠足の集団が次から次へと私たちを追い越し、登って行く。やっとたどりついた山門の御前、芭蕉と曽良の銅像に迎えられる。杖《つえ》を置き、一息いれる。

中学生の集団の中から、「あっ、芭蕉さんだ」と女生徒の声があがった。子供たちの眼は一斉に芭蕉像にそそがれた。同行の藤原洋子さんが「和尚さん、あなたのことですよ」。ぼんやりと芭蕉像を見つめていた私の袖を引いた。

茶人帽、作務衣《さむえ》姿の旅僧――私は子供たちの注視の中にあった。気づいた引率の先生がみんな、ご挨拶《あいさつ》を、とうながした。「こんにちは」と、子供たちの親しみと労《いたわ》りを込めた思いがけない歓迎に私は感動した。

私は「奥の細道」の一節を口ずさむ。

〜平泉
五月雨の降り残してや光堂
三代の栄耀《えいよう》一睡の中《うち》にして大門の跡は一里こなたにあり。秀衡が跡は田野になりて、金鶏山のみ形を残す。まづ高館《たかだち》に登れば、北上川南部より流るる大河なり。衣川は和泉が城を巡りて、高館の下にて大河に落ち入る。泰衡らが旧跡は、衣が関を隔てて南部口をさし固め、夷《えぞ》を防ぐと見えたり。さても義臣すぐってこの城にこもり、功名一時の叢《くさむら》となる。「国破れて山河あり、城春にして草青みたり」と、笠《かさ》うち敷きて、時の移るまで涙を落しはべりぬ。
夏草や兵《つわもの》どもが夢の跡
卯《う》の花に兼房見ゆる白毛かな　　曽良
かねて、耳驚かしたる二堂開帳す。経堂は三将の像を残し、光堂は三代の棺を納め、三尊の仏を安置す。七宝散り失せて、珠《たま》の扉《とぼそ》風に破れ、金《こがね》の柱霜雪に朽ちて、すでに頽廃《たいはい》空虚の叢となるべきを、四面新たに囲みて甍《いらか》を覆いて風雨を凌《しの》ぎ、しばらく千歳の記念《かたみ》とはなれり〜

光堂に参拝。般若心経を読誦《どくじゅ》し、震災物故者の冥福を至心に祈る。ちょうど居合わせた女生徒五、六人が立ち止まって、お経に耳を傾け、合掌冥黙《めいもく》。終わると中の一人が進み出て、「ありがとうございました。和尚さん、お元気で」名残をこめた感謝の言葉。

筆者と芭蕉の銅像

雨にもまけず
風にもまけず
災害にもまけず
相手に対するいたわりの心も失わず
みちのくの子供たちと祈りを共にした。一期一会の旅のひと時であった。

聖地巡礼の旅

（平成25年3月3日付）

峯寺ユースホステルを第二の故郷として旅立っていった若人たちも、もう定年を迎えようとしている。社会に出て、たくさんの人に出会いながら自分に磨きをかけ、時には苦労したこともあったであろう。それを乗り越えて活躍し、定年となった今、心の故郷として峯寺を思ってくれている。そんな彼らの存在は本当にありがたいものである。

その中の一人、スペインのバルセロナに立つ世界遺産、サグラダ・ファミリア教会の主任彫刻家、外尾悦郎氏も峯寺ファミリーの一員である。

昭和四十九年春、京都芸術大学の合格通知をホステリング先の峯寺ユースホステルで受け取った。福岡出身の高校生だった彼を、同宿者みんなで春光あふれる観音堂の庭で胴上げをし、彼の前途を祝った。そして九十九の石段を下りていく彼をいつまでも見送った。

その外尾君が、平成十五年八月十三日、スペイン・バルセロナより一時帰国、私たちは喜びをもって迎えた。もはや「世界の外尾」となり、時の人である。行く先々でマスコミに追いかけられることもしばしばであった彼は、成田に到着するなり、すぐに出雲へ直行。峯寺への里帰りを希望したのである。

老妻が心尽くしの精進料理でもてなすと、彼を大いに満足させた。翌年バルセロナにおいて開かれる万国宗教会議の中で「日本の食文化をぜひ紹介したい。伝統ある峯寺の精進料理をぜひ出してもらえないか」との彼からの唐突な申し出に、老妻は心躍るように喜ぶ。しかしそのころ、両膝の状態は最悪であった。とても海外までの旅はかなわぬこと、辞退せざるを得なかった。

久しぶりにホステラー気分にもどった彼は早朝に起き、境内の清掃、家族と一緒に外の風景を眺めながらのお抹茶は、日本人、外尾悦郎である彼自身をしみじみと味わったようである。

平成二十年四月、一度は諦めていたスペイン行きも、深い絆で結ばれた峯寺ファミリーがヘルパー役をかってでてくれたお蔭《かげ》で、老妻と五名のホステラーが、外尾君の待つサグラダ・ファミリアへと、聖地巡礼の旅に出かけた。

大地の中から芽生えた太くてたくましい、空に力強く伸びていく植物を表現した塔、直線で天に向かうゴシック建築は、まだ建設中といえどもさすがは世界遺産。見る者を驚かせた。塔の先端を飾る五色の花、これから二十年後には完成する全体像の説明を聴いた。その夜は、旅情あふれる居酒屋に案内され、石の芸術家として風格をそなえた外尾君を囲んで、祝杯を重ねた。

三十五年前、求道の日本の若者をヨーロッパは、バルセロナの地に誘った。ガウディの弟子たちは彼の天性の素質を見逃さなかった。入門を許されサグラダ・ファミリア教会の仕事を継承し、身も心もこの教会に捧《ささ》げた刻苦の三十五年は、孤独なる戦いでもあった。世界遺産として、巡礼者の心のオアシスとしてこの教会に携わった彼との一期一会、めぐりあいの不思議を思わずにはいられない。

美の巡礼

（平成25年4月21日付）

奥出雲巡礼寺にも春が訪れ、桜の花に先駆けて三月二十一日から二十三日まで、大阪府立港南造形高校ファイバーアート部の二泊三日の合宿のお宿をすることとなった。引率の井上秀樹先生とは、峯寺ＹＨ（ユースホステル）開設以来のお付き合いである。

三月八日、一通の手紙が来た。

峯寺の皆様お元気ですか。前任校の金剛高校から何度目の合宿になるのか、ユースをやめられ、私も学校を転勤し、もう峯寺での合宿はないかと思いましたが、港南に来てまたその機会ができ、（中略）色々お世話になりますが、よろしくお願いいたします。

過ぎし日も来る日も、山門をくぐって歩み入る人たちを迎える、巡礼寺を守る私たちの気持ちは変わらない。先ほどの手紙に添えられた旅の栞《しおり》に、この出雲への旅の目的が記されていた。

奥出雲地方の伝統工芸、民芸館・美術館の見学、又、作家を訪ねる。奥出雲にはいにしえから受け継がれた伝統・文化が多く残っている。それらがどのようにして作られたか、その製作過程などをこの旅では、一つ一つ解きほぐしながら紹介していく。

井上先生自身、学生時代にこの出雲の地に身を置いて、芸術の原点を見いだそうとしてこられた。その時に峯寺ＹＨにて宿をとっていただいたのが縁の始まり。以来、大学を卒業され教鞭《きょうべん》をとられるようになってからも、自分の生徒たちを連れてきては出雲に対する情熱を語られていた。井上先生の奥出雲への合宿の旅、今年ですでに二十数回に及ぶであろうか。造形、美術の原点を求めての求道の旅、初心は一貫して変わらない。私たちはファイバーアート部十五名の女生徒たちを、美の巡礼者として受け入れることとした。

窯元、藍染め紺屋、美術館・博物館の見学、紙すき体験、さらには平成の大遷宮を迎え、六十年ぶりに装いを新たにした出雲大社への参拝など、二泊三日の限られた日程をこなした彼女たちの得たものは、どのようなものであっただろうか。三日目最終日の朝、恒例となっているお抹茶の接待の時に、一人一人感想を聞いてみた。

「ものあまりの時代、あまりにも恵まれ過ぎた環境の中で、自分たちがしていることの意味を見いだせないこともありましたが、今回見学させていただいた職人さんの、制作に対する本気の姿勢や、お話をうかがうことができ、伝統を守り抜き伝えていくこと、さらには新たなチャレンジに挑む姿など、これから自分たちが何をするべきか、ということがわかりました」

継続は絆なり。この合宿が彼女たちにとって実り多きものとなり、社会に出て活躍されることを期待し、山門を爽やかに出ていく彼女たちの後ろ姿を見送った。

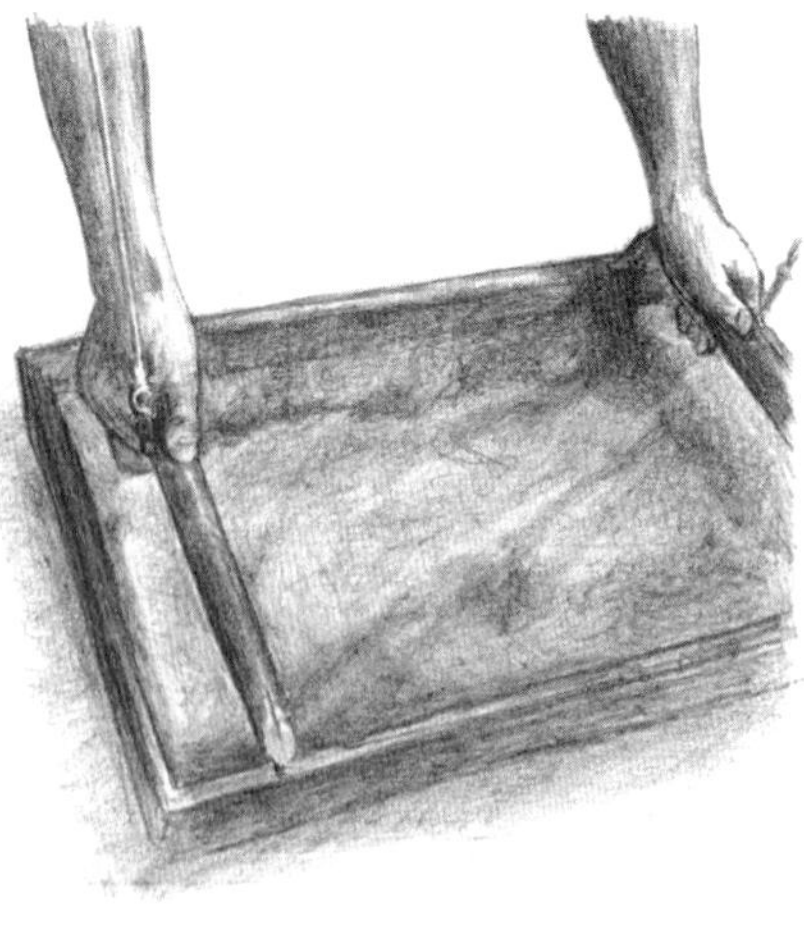

忠犬ポチ、猪との戦い

（平成25年6月9日付）

ポチは、五月一日に大手術を受けることとなった。数年前、私を守るために猪《いのしし》と格闘した折の古傷が悪化して苦しんでいるのか。ポチにとっては昨夏の猛暑は厳しかった。ひたすら涼を求め日陰の土間に伏せて喘《あえ》ぐ姿は、痛々しかった。しかし、若い寺族がブラッシングをしたり、体をふいてやったりして、心配りの看護により元気を取り戻し、初秋の山門にしてお参りの人を迎える姿が頼もしかった。

無事越年。ここで忠犬ポチ公の生い立ちを語りたいと思う。

平成十二年正月末頃だったように記憶している。奥出雲の信徒さん宅を訪問した際、二匹の子犬が母犬にたわむれていた。あまりの可愛《かわい》さに、運転手として同行してくれた星野多美江さんに「この子犬もらって帰りたいがどうだろう」と尋ねると、星野さんは「お母さんも先代のポチ亡き後、淋《さび》しがっておられますから、お喜びになるとおもいますよ」と、同意してくれた。

ふさふさとした毛の雌犬の方を所望し、懐に入れて帰った。何分乳離れしたばかりのやんちゃ子、一通りのしつけをするのには手を焼いた。猟犬の血を引いていると思われるポチは、境内を縄張りとし、パトロールを始めた。近年里山の荒廃により、猪の出没は目に余るものがある。屋根裏を狙って侵入するムササビ、暗夜どこからともやってくる魑魅魍魎《ちみもうりょう》等、厳しい環境に立ち向かうポチは孤独であった。しかし、山門に立つ仁王尊、池の水かけ不動尊、奥山に眠る先輩たちの励ましによって、たくましく成長していった。

ポチにとってここ数年は猪との戦いであった。

待ちに待った百花開き百鳥うたう陽春の訪れ、しかし病勢は思わしくない。おなかの腫瘍も目立つほどになった。このままではポチは来春の花が見られるであろうか。急きょ病院の診断を受けることとなった。「相当ひどいですね。良性であれば腫瘍を切除することは可能です

ポチ

が、何分高齢なため、麻酔によるショックで手術中にもしものことがあるかもしれません。悪性であれば助からないことも…」。診断は厳しいものであった。寺族は一応五月一日の手術の予約を取って帰ってきた。

家族会議の結果、私の命を救ってくれた忠犬、放ってはおけない。手術を選ぶことを決意。手術を受けて早く楽になりたい。ポチはいそいそと自力で車に乗った。元気で帰ってこいよ。私たちは涙して送った。

家族一同案ずるほどに、夕暮れ時、山門の仁王尊に迎えられ帰ってきたポチ。車を降りてまず向かったのは水かけ不動さん。苦しい宿病から救われた感謝の気持ちであろう。お水をいただいて蘇生のよろこびにひたるポチであった。姿に沿う影の如《ごと》く、よく私を守ってくれた。老齢の私もポチも、余命を大事に生きようではないか。

山伏入門

（平成25年7月28日付）

下界の猛暑をよそに、開け放された広書院で早暁のひととき、快遍坊（副住職）は机に向かって臨書に余念がない。嶺《みね》から吹き降ろす涼風にあおられて、「実践実修」と書かれた半紙七、八枚が、庭園の飛び石の上に散らばっていった。

快遍坊が奈良県の大峯山で山伏道入門の第一歩を踏み出したのは平成十三年。当山第三十六回大峯入峯に従っての初山であった。

初山行者は新客と呼ばれ、先輩先達に絶対服従、容赦ない叱責《しっせき》の声が飛ぶ。俗を離れた日本唯一の女人禁制を守り、山の掟《おきて》厳しく、一般登山者を拒む修行の山である。三回の入峯で初めて山伏先達号が授けられ、入峯度数に従って法螺貝《ほらがい》、錫杖《しゃくじょう》、宝剣等、山伏七つ道具の使用が許可されるのである。副住職とて、例外は許されなかった。

修験道は、行動の宗教である。荒行で不屈の身心を鍛えて完成を目指すというもの。大峯山はその根本道場だけに、鐘掛け、西の覗《のぞき》、飛び石、平等岩、蟻《あり》の戸渡りなど多くの行場があるが、中でも西の覗は新客が最初に度肝を抜かれるところである。

ロープをたすき掛けにして高さ一二〇メートルの断崖絶壁から、膝の下まで突き出され、懺悔《ざんげ》をさせられるのだから、落ちないことは分かっていても、二人の山先達から「親に孝行するか」と揺らされながら言われたらたまらない。どんな豪胆な男でも思わず「分かりました」と答えるのである。

こんなこともあった。ある年、人柄のよい会社の社長、「親に孝行、社員を大事にするか」と言われて、「いくらでも金を出すから助けてー」と悲鳴を上げた。後々の語り草となっている。

引き上げられて、岩頭に立ち上がった時は、顔は真っ青でお尻の辺りから頭の先へ冷気が突き抜けるようだ。

大和地方では昔から、男なら一度は大峯山へ登らなければ一人前にはなれないと言われている。

峯寺大先達、跣《はだし》の行者板垣清歳氏は、子や孫にまでその行者の精神を伝え、物心つくころから、講社の一行と共に大峯山参りをしている。老山伏の孫たちに注がれる眼差《まなざ》しは暖かい。

さて、私の初入峯は、昭和三十五年、九死に一生を得た術後の体を労《いたわ》りながら捨て身の行。仏天のご加護をいただいて再起、蘇《よみがえ》りの入峯となった。それから五十余年、存命の不思議を思い、報恩謝徳の日々である。

いい物残そう子供らに

（平成25年9月15日付）

盆の慌ただしさが終わらないうちに、今年もまたかつてのホステラーたちが帰ってきた。

八月十五日、新潟から車を走らせて奥さんと三男と一緒にやってきた近藤勇二氏。彼は平成十九年の同窓会の時、「青春時代を過ごしてきた峯寺の建物が危ない」と、一日見てそう言っていた。一級建築士である彼がその時見たものは、柱などが虫に食べられた跡、シロアリとも思えるような跡など。「母さん、これ、一度私に見させてください。しっかりと調べてみる必要があるから」。家内にそうは言ったものの、一日でできる仕事ではない。現役の彼が休暇を取ることは、その時点では難しいことであった。

六年を経て今年、再び峯寺に来るチャンスを得た。毎年どこかで集まる峯寺ユース同窓会。今年は八月十七、十八日に峯寺で行われることとなった。幹事さんから前泊依頼の電話がかかる。「新潟の近藤さんが、かつての約束を果たしたいと言って、十五日から作業に入りたいとおっしゃっていますが」

そして十五日、親子三人で来てくれたのである。到着するなり、奥さんと三男をアシスタントとしてすぐに図面作成から取り掛かる。図面作成だけでほとんど二日間かかった。息子がメジャーを持って部屋の大きさ、柱の大きさ、押し入れの中などをくまなく測る。それを父親が図面に書き記す。夜になると、それを基にパソコンで図面作り。それが終わってからいよいよ建物調査。父親が建物を念入りに調査している間、息子は横でじっと見つめていた。

十七日、二十人ばかりのかつてのホステラーが「ただいま」と言って帰ってくる。ひたすら走り続けて過ごした日々を顧み、人生の折り返し地点に立って、豊かな余生を語り合う。持ち寄りの銘酒を傾け、還暦を祝う会となった。翌十八日は還暦の厄除け護摩と精進料理。ユース時代を思い起こしてのミーティングで、一人一人の近況を語る。父さん母さんと慕われて労《いたわ》りのメッセージを頂いた老ペアレント、心にしみ

峯寺庫裡

て生存の喜びを噛《か》みしめた。

そして近藤氏の三男が語った一言は、私たちに心響かせるものがあった。

「親父《おやじ》の仕事ぶりを見たことはこれまでなかったけど、今回初めて一緒に手伝ってみて、父を尊敬の眼差《まなざ》しで見ることができた」

二十一歳の青年が父親の仕事に対する情熱と、その行動力を直《じか》に感じた言葉。何という素晴らしい親子なのだろうと深く心打たれた。

物で栄えて心滅びると言われて久しい混迷の世相を思い、二十一世紀、世界は今深刻な環境問題に直面している。近藤氏の名刺には「いい物残そう子供らに」と書かれている。近藤氏は我が子を前にしてその姿勢を見せると同時に、建築家としての思いを、この度の同窓会を機会に古寺に寄せていただいた。特に、私に代わって維持管理を背負わされた副住職の快遍坊の喜びは、ひとしおであった。

印度カレー

（平成25年11月3日付）

中学三年生の夏休み、級友のS君と二人で日御碕へキャンプに行った。敗戦の翌年、食糧難の厳しい世相で、都会地では欠配が続き、人々はその日食べるものを求めて血まなこであった。農家のS君は日御碕へ魚の買い出しに行くという名目で、両親を説得して白米二升を用意。一升ずつ二人のリュックに忍ばせて、香港から復員した兄が持ち帰った携帯テント、飯盒《はんごう》などを整え、勇躍出発。時々エンストを起こす木炭バスに揺られ、昼前には何とか日御碕に到着した。

灯台道の土産物屋に立ち寄って、持参の白米一升を取り出し、帰りの土産に魚を求めたいが、と頼むと、店主は二つ返事で商談成立。翌日帰る時には夫々《それぞれ》の飯盒にいっぱい取れたてのイカを受け取った。待ち受けた家族たちの喜びは想像に余りある。

山寺生まれの私は物心つくころ、山番の老翁に背負われて、裏山の弥山へ登ったことがある。「あそこが大神様の出雲の大社」と、北方を向いて柏手《かしわで》を打ち、老翁は深々と頭を垂れた。山の彼方《かなた》にかすかに見える青い海、海に対する憧れ、その思いが実現したのは小学生のころ。近所の上級生のリードで、夏休みの日御碕遠足であった。近年は、出雲國神仏霊場開創に伴い、海・山を巡礼道で結ばれることとなったが、あのころはそう容易《たやす》く行けたものではない。

中学生の時のキャンプ

話はS君とのキャンプに戻る。翌日昼すぎテントをたたんで帰り支度をしていると、進駐軍のジープが目前に止まった。灯台見物と思われる軍人さんが降り立った。私は「写真を撮らせていただけないでしょうか」と、私の名前を告げて通訳さんに声を掛けた。「貴君は峯寺さんか」。以前、私寺を訪れたことがある県文化財関係の方であったことが幸いした。この方は英印軍のバシール隊長さん、「このボーイは有名寺院の息子さん」と、夫々に紹介していただいた。

撮影はOK。私は次兄徹男遺愛のカメラに収めることができたのである。

帰宅早々、夜を徹して現像焼き付けをし、会心のプリントが仕上がった。現在の出雲警察署の地続きと思われる、英印軍キャンプに届けることができた。隊長さんは、いい記念ができた、と喜んでくださり、印度カレーをご馳走《ちそう》になった。

そして次のようなメッセージをいただいた。

「祖国印度は、この大戦を機にやっと独立を果たした。日本は戦に敗れた。しかし、アメリカの植民地になるわけではない。これからは世界から尊敬されるような仏教国にならなければならない」

戦後、寺院経営に苦慮する私にいただいた「仏教徒として誇りを持て」という暖かいメッセージは、心の支えとして忘れることはなかった。しかし、あれから六十余年経った今、折角《せっかく》の印度カレーの味は思い出せない。

母の忌を迎えて

（平成25年12月22日付）

年の瀬を迎え、近親知己の賀状欠礼を受け取るころとなった。私の無二の親友加藤順一君の訃報は痛恨の極みであった。昨年の秋、彼の生家の父の五十回忌で三刀屋に帰省の折、酸素ボンベを着装して息子さんに助けられながら、山寺を訪れて来た。痛々しい姿が思い浮かべられる。まさかこの三月に亡くなっていたとは、無常迅速は世の常とはいえ、人ごとではない。

さて、我が家では来春迎える母の二十五回忌。京都の兄も私も元気なうちにと、快遍坊（副住職）の配慮で繰り上げ、先月十九日、兄一家とごく近親者を迎え、私としては最後の勤めを終えることができた。母は晩年、枕元に歌聖西行法師の山家集を置いて山居の淋《さび》しさの慰めとしていた。

願わくば　花の下にて　春死なん
そのきさらぎの　望月の頃

平成二年四月十九日、境内裏山の山桜が散り染める朝、家族親族に見守られ、花のお浄土へと旅立った。九十三歳であった。

花の都に生まれ、縁あって奥出雲の古刹《こさつ》、観音霊場に嫁ぎ、父亡き後、山に祈り古寺を守ってきた母の労苦を偲《しの》び、兄は三回忌の折、本堂の余間四枚の襖《ふすま》に桜の絵を描いた。吉野山、京都御室、醍醐の桜をイメージした力作である。

兄は中学二年の時、兄の画才を認めた天野先生の勧めで京都の画塾に弟子入り、図案を学ぶこととなった。母は生家が京仏師の流れをくむ家柄であっただけに、図案の伝統工芸への道を選んだことを喜び、成功を期待した。

本堂正面左右の欄間に掲げられた松の額は、本堂前庭にあった見事な老松をモデルとしている。平成二年秋、松くい虫被害に遭い、まるで母の死を悼むが如《ごと》く枯死した。これも兄は名木の命を惜しみ、描いて奉納したのである。

この松の由来を尋ねれば、現本堂が文化年間、松江藩主松平公の本願により再建された折、吉田田部家より奉納移植されたものであるという。本堂再建の棟梁の任に当たった同家は、庭園の松一本を、吉田から当山の西の山に仮移植。樹勢を整え、数十年かけて仕上げられた後、現本堂の前庭に移植された。

仮移植された跡は、現遊山荘が建てられるまで、その敷地内に四メートル四方ほどの池となって残っていた。そこからまた本堂前に移すのに三カ月ばかりかかり、その間、松の芽が五寸ほど伸び、庫裏の台処門を移動してやっと納まった。さすが、日本一の山長者のなさることと参拝者は讃《たた》え、手を合わせたという。晩年の母は自分の名にあやかり、千代の松と名付け、長寿のよすがとして幸せであった。

兄は来年、母の行年と同じ九十三歳となる。我が寺以外にも残した松江市・高祖寺の桜の襖絵二十四面は、故郷出雲に残したいとの念願を込めた遺作となるであろう。

初釜

（平成26年2月9日付）

雪の山寺の冬は厳しい。恒例の三斎流雲南翠木会新年茶会は、老齢、雪路を厭《いと》い失礼。翌日の新聞で早速「家元招きお点前、精進誓い初釜」と報ぜられ、慶賀にたえない。

かつて雲南の宿場町、舟運和紙の邑《さと》、紙座として殷賑《いんしん》を極めた面影を残す木次の老舗、天野別館の余間を改造して、四畳半の茶室が完成したのは、昭和四十七年。家元祥山宗匠より涼翠庵と命名いただき、おかみ、天野百合子さんの中伝取得を祝ってくださった。席開きには田部松露亭さんを正客に、天野さんの凛《りん》とした点前が昨日のように目に浮かぶ。以来、翠木会の稽古道場として今日に至り、新年茶会を迎えた。

本席の床に掛けられたお軸「夢」は、金閣寺慈海老師の墨跡である。

昭和二十五年の金閣焼失は、宗教界の戦後混乱期を象徴する不幸な出来事であった。私は当時本山仁和寺に勤務中で、裏山に駆け登り、立ち昇る煙に茫然《ぼうぜん》と眺めたことであった。

弟子雲水による放火の罪を一身に背負い、全国を行脚。再建の勧募の途、私寺にお立ち寄りいただいた。たまたま総代の巨勢芳雄氏所有の田舎屋を茶室に改めた、三刀屋の又新庵《ゆうしんあん》の茶室開きに正客としてお迎えし、その折染筆いただいた数枚のうちの一枚が「夢」であった。優美華麗を極めた金閣寺の老師は、総代さんの手打ちそば、精進料理、ひなびたおもてなしを大変お喜びになり、夜は湯村温泉にお連れし、背中を流してさしあげた。

　昭和六十一年一月十五日の初釜茶会は、翠木会名誉顧問、田部松露亭先生を偲《しの》ぶ会となった。当日の会場、三刀屋のながらや大広間の床には、松露亭先生の遺影が飾られ、軸は遺作である寒山拾得の双幅、花は三分咲きの梅の老樹に寒牡丹《かんぼたん》であった。この貴重なる幅は、田部家の番頭さん、加藤・藤原両氏が同家より拝借、御持参いただいた。

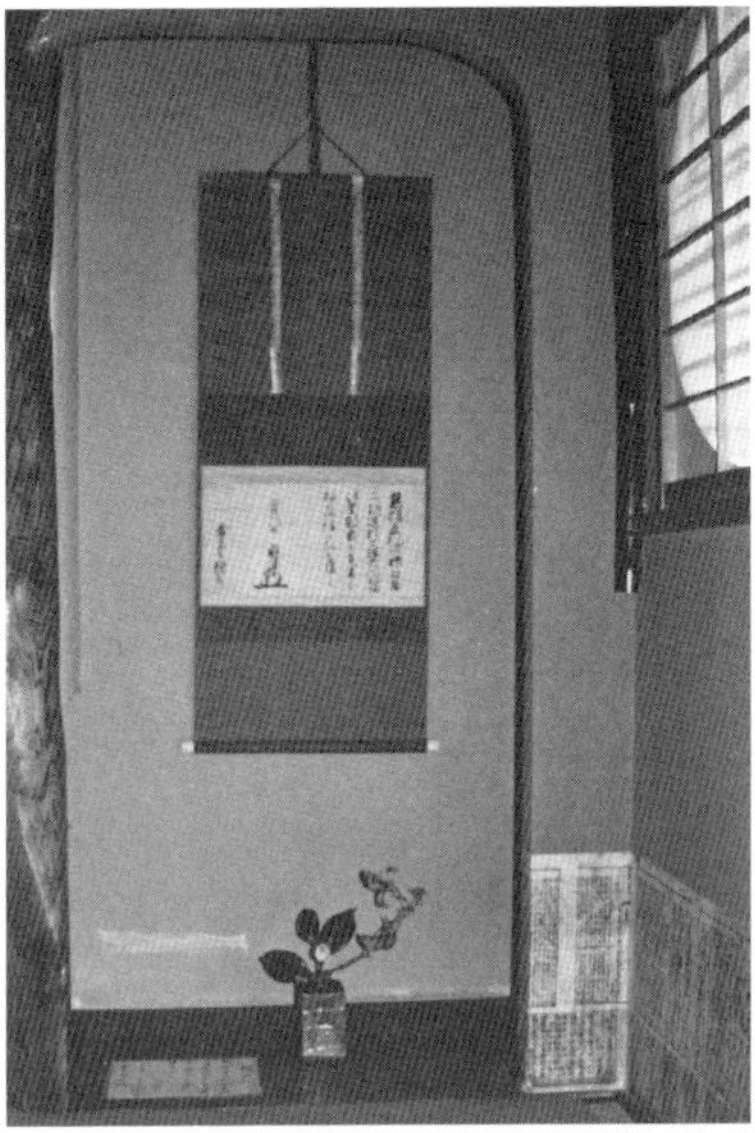
峯寺茶室に掛けられたお軸

　待合の床には、「不昧公懐石御献立」（巨勢家蔵）とある。「不昧公懐石にちなんで、この度ながらや様に当時の料理を研究、腕を揮《ふる》っていただきました。ご賞味くださいませ」と、担当の巨勢さんよりご挨拶があった。「なお、黒豆蒸飯は、故松露亭様の好物でした。七回忌にあたりお供えさせていただきました。本日の茶席の取り合わせは、今回初釜に作品をお寄せいただいた地元の諸氏」と、作家の紹介があった。次の各氏である。

井谷岩夫　斐伊川和紙
舟木哲郎　御代窯
石飛勝久　京都民芸協会会員（現白磁工房）
永見克久　克窯
須山英一　御門屋窯
景山孝三　木彫り
小難波健三　銅板打ち出し

巡礼今昔

（平成26年3月30日付）

お茶室の釜がしゅんしゅんと音をたてている。彼岸の山寺にも春が訪れ、巡礼者への接待茶の用意に余念がない。

接待茶碗の思い出を語ろう。

出西窯の陶工、多々納弘光氏に窯出しの茶碗を持参いただいたのは、今から四十数年前のことである。大晦日《おおみそか》、川下の出雲から吹雪の河原土手をのぼって自転車を走らせること一時間、麓から修行坂をのぼり、山門を入られるころには、旅の宿を求めたホステラー達の撞《つ》く百八つの除夜の鐘が鳴り終わるころであった。「窯場の仕事納め、煤《すす》を掃《はら》って仕事着のまま参上いたしました」と、懐から新聞紙に包まれた、まだ窯の香りの残る茶碗を取り出された。

私は早速炉の埋火《うずみび》を掘り起こして炭を足し、裏の奥山から筧《かけひ》で引いた若水を注ぎ、持参の茶碗を主茶碗に初点前。一客一亭の夜咄《よばなし》、茶味あふれる一期一会のお茶であった。悠久の神話の川、斐伊川の流れに堆積した土、先祖から守り伝えた火より祈りだされた民芸の器、求道者である氏の話は佳境に入る。除暗遍明《じょあんへんみょう》、庭のかがり火が赤々と燃え盛り、新年の訪れを喜ぶひと時であった。

それ以来、毎年新年の干支《えと》茶碗の寄進をいただき、その数四十数個、寺の接待茶碗として参拝者に喜ばれている。また、精進料理の器としても愛用させていただいている。

薪を拾い、湯を沸かし、お茶を点《た》てて仏に供え、我もいただき人にも施せ。茶聖の教えである。観音信仰の篤《あつ》かった私の茶道の師、三斎流家元祥山宗匠は風流人を誘《いざな》い度々参詣。山に薪を集め、庭の草取りをする里人を庭園の縁側に招じ、持参の銘菓をすすめ、お茶の接待をなさるのが常であった。

現代、門前に車体を左右に揺すりながらマイクロバスが参着。白衣の巡拝者の列が観音堂へと足早に続く。読経回向もそこそこ、先達に促されて次の札所へと急ぐ。近ごろ修行坂をのぼってくる巡礼者は

茶菓

滅多《めった》にいない。現代の車社会の巡礼は実に忙しい。

大社の波打つ出雲観音霊場第一番札所、長谷寺に願いをおこし（発願）、十里の道を、或《ある》いは一夜の宿りを重ね、杖《つえ》を頼りに踏破。第九番である当山の修行坂、九十九の石段をのぼり、遥《はる》か中国の山脈《やまなみ》を望見、香煙かおる境内の霊気に触れ、至心に回向。草鞋《わらじ》の紐《ひも》を締め直し、遥か来たものよと、境内の茶屋にいこいのひと時を過ごし、今宵《こよい》の宿を尋ねる人、一日札の杖を納める人、昔の巡礼の旅が懐かしい。

近時、紀伊半島巡礼古道をはじめ、霊場参詣古道の復活が各地で始められている。副住職の快遍坊は四国歩き遍路や、大峯奥駈け三度の経験を基に、今神仏霊場行脚に取り組み、この出雲に昔から伝わる神様仏様を結ぶ、新たな巡礼道をつくろうとしている。

巡礼者の姿が少なくなったという当山の修行坂も、今は麓から弥山を目指す登山者が多くなってきた。ストックを両手に持ち、華やかなウオーキングスタイルの人たちを見受けるにつけ、何かほっとした安堵《あんど》を覚える昨今である。

山伏と陀羅尼助《だらにすけ》

（平成26年5月19日付）

昭和三十五年六月、さすらいの旅の果て、たどり着いた所は大和大峯山麓の洞川《どろがわ》（奈良県天川村）の宿であった。大峯護持院龍泉寺を拝し、暮色迫る山上川の清流に架かる大橋にたたずめば、川沿いに軒を連ねる行者宿、そのうちの一軒、奥村の見晴らしのいい三階に旅装を解く。霊山を吹き下ろす青嵐《せいらん》に俗塵《ぞくじん》を洗い、清流の響きに和す。カジカの声、まさに仙境である。

私が結核の手術で生死を彷徨《さまよ》い、その後、奇跡的に回復したこの病体を、開山役行者の大峯山に預ける修行の旅である。事情を察した宿の主人は、熱心に入峯修行の功徳を説かれた。

翌朝、宿のベテラン先達さんに身を託し、入峯修行決行。麓から四時間、疲労困憊《こんぱい》、洞辻《どろつじ》茶屋の床几《しょうぎ》に打ち伏せた。「ひどくお疲れのようだ。放ってはおけぬ」。茶屋の老翁は奥の方から八寸ほどの青竹の筒を持ち出し、「飲みなはれ」と勧めてくださった。恐る恐る口をつけるが強烈な苦みにたじろぐ。思い切って嚥下《えんげ》。眠っていた五臓六腑にし

みわたり、私は体力を取り戻して、最後の難関、眼前にそそり立つ断崖の鐘掛けの行場までたどり着く。ここまで来て引き返すわけにもいかぬ。お接待の白砂糖をたっぷり盛った葛湯《くずゆ》に気力横溢《おういつ》。先達さんの後に従って一歩を踏み出し、無事に山頂大峯山寺を参拝することができた。前置きが長くなったが、これが役行者ゆかりの陀羅尼助との出合いであった。

　役行者の使者に前鬼《ぜんき》と後鬼《ごき》といる。その後鬼の子孫が洞川の住民である。役行者は「大峯の深山幽谷に生育する黄柏《おうばく》の木皮を、陀羅尼経《だらにきょう》を唱えながら煮詰めた秘薬」の製法を後鬼に授け、後々の世まで大峯修行者の力となって奉仕せよ、と命ぜられた。爾来《じらい》一三〇〇年、洞川の民は過酷な環境の中、度重なる苦難の歴史にも耐えながら、行者尊の遺訓を守り、陀羅尼助つくりを生活の糧として、霊場の護持に当たってこられたのである。

　諸国の山伏の土産物として陀羅尼助は広く行き渡った。現在の医薬品の種類は驚くほどに多いけれど、陀羅尼助のように伝統に支えられ、長い歴史を持つものは非常に稀である。このように長い命脈を保っているものは、よく効くという実績によって証明されているからである。

あれから五十年、私は大峯山に救われた。報恩感謝の念を込めて再興した大峯入峯寺の恒例行事となり、今年六月で四十九回目を迎える。副住職快遍坊は、準備に余念がない。入峯先達も代替わりした。奥村旅館も今は三代目、陀羅尼助本舗の奥村さんも健在で待ち受けていてくださる。

女人禁制俗塵をはばむ大峯行場、しかし救いを求めて発願した弱者こそ温かく導いてくださる洞川の人々、修験実修の利他の行に励む山先達衆、私たちをおもてなしの心をもって迎えてくださる。ありがたいことである。

秋葉さんに思う

（平成26年7月8日付）

七月十七日は、山麓の峯寺馬場自治会の古くから伝わる、防火息災を祈るお祭り、秋葉祭りの執行日で、山主（住職）の大事な勤めである。梅雨明け前は災害の多い時季である。近年は地球温暖化の影響のためか、日本各地は通年被害続きで憂慮に堪えない。

昭和三十九年（一九六四）七月十八日から断続的に続いた豪雨は十九日未明、全山の雨を集めた大坊谷の土石流となって山麓の集落を襲い、家屋全壊四軒、死者一人、未曾有の災害をもたらした。「昭和三十九年山陰北陸豪雨死者一〇〇余名」と、災害史に記録される。あれから五十年、犠牲になられた堀江フサさんの追悼の思いを新たにする昨今である。

その年の二月二十四日、三女・妃女《ひめ》を取り上げてくださった産婆さんが堀江さんである。体調を崩され、病臥《びょうが》を押して息子さんに背負われ、坂を上ってきてくださった。その冬の寒気は格別厳しく、火の少ない山寺の出産は実に寒さが身に沁《し》みたと老妻は語る。

災害の復旧は堀江さんの二十一日の葬儀から始めなければならなかった。作業衣を法衣に着替え、自治会の弔意を結集。「諸行無常・是生滅法《ぜしょうめっぽう》・生滅滅已《しょうめつめつい》・寂滅為楽《じゃくめついらく》」の四本幡《しほんばた》をなびかせ、墓地へ行く。泥道を踏み分け、野辺の送りの行列の足取りは重かった。

我が娘の命を取り上げてくださった産婆さんの葬儀の導師を務めなくてはならない。宿縁の不思議を重く受け止めた。若き日の痛恨の思い出である。

今なら重機を投入すれば二、三日で片付く復旧作業も、スコップ、一輪車などを使ってすべて手作業。八月末、検診車の慰問が廻《まわ》ってきた。炎天下の中、連日の奉仕作業で疲労の極みにあった私たちは、大方の人が栄養失調と診断され、見舞いのドリンクを飲みながら自治会総意を結集、我々の手で復旧の道が開かれた。復旧の目途《めど》が立った時には、満足感でみんなの顔に笑顔が戻ってきた。

その年の東京オリンピックの聖火が広島から県都松江市へ。出雲市経由で各地の若人と随走者

二十人によって受け継がれ、復興半ばの県道を通過した。九月二十二日、日の丸の旗を振って地区総出で迎えた。私たち、ふるさと再建の希望を新たに燃やした聖火であった。

四恩講話

（平成26年8月25日付）

二月十五日は、お釈迦《しゃか》様が涅槃《ねはん》に入られた日であり、父の命日でもある。昭和十八年のこの日、師僧小川義秀僧正は得度式を挙げてくださった。私が三刀屋中学一年の時である。

私は先年亡くなった兄・徹男の遺品となった法衣を着用。凍水肌をさす水行を終え、早暁の寒気厳しい観音堂に入堂。師はいつものように本尊聖観音法を如法に修し終わって、続いて得度授法、度牒《どちょう》（出家得度の証）を頂戴した。

その日の午後、師は自坊である鹿島の薬師院へ、先師義芳上人の墓参に行くといって下山。私と母は、九十九の石段・修行坂を下りていかれる、草鞋《わらじ》履きで行脚姿の老師が麓に消えるまで見送った。或《あ》るいはこれが永遠の別れか、との予感を抱きながら。それから一カ月後の三月十六日、入寂（七十六歳）の悲報に接し悲嘆に暮れた。後に残された私の机の上には、師が高野山で講述された四恩講話一冊が置かれていた。四恩とは、父母の恩、世間の恩、国の恩、仏の恩なり。我々僧侶の日々の戒め、あるべき姿の教えである。

四歳年上の徹男兄は、昭和十七年八月三十日死去、行年十八歳であった。戦局いよいよ厳しくなったこの年の春、梵鐘《ぼんしょう》仏具まで供出。人里離れた山寺の門部屋にひそかに病に臥《ふ》す兄を訪れた、予科練（海軍飛行予科練習生）の幼友達は「君の分まで戦ってくるから」と見舞われ、別離の悲嘆に暮れる兄であった。

夏になり、衰弱しきった兄は母に抱き起こされ、本堂の方を向いて手を合わせ、そして先立つ不忠不幸を詫《わ》び、「海山の御恩」と最後の言葉を、抱かれる母の胸の中で発した。八月三十日早暁、法名義諦快範法師は、従容として涅槃に赴く。母は号泣した。ただならぬ気配に私は、震える足を病室へ運んだ。父に先立たれ、長兄義男兄と死別、今また後継を託された兄と、相次いだ不幸を一身に背負った母。そのころ信徒総代を務めていた父

前庭

の里生家、保科陽治伯父は、峯寺の空を覆う暗雲、世の無常を感じたという。

兄の遺志を継ぎ、四男の私が後継者としての道を歩むこととなった。昭和二十四年、私は本山仁和寺より、峯寺第四十三世住職辞令を拝受した。時の門跡管長、岡本慈航大僧正は、松江出身の釈雲照和上の遺風を継ぐ、道心堅固なる律僧。その弟子と接するに、秋霜烈日、雷門跡と呼ばれた。

老衲《ろうのう》も、霊峰山寺を守って、法臘《ほうろう》六十五年、物で栄えて心で滅ぶとなえられて久しい。ますます混迷を深める世相、あらためて師の残してくれた四恩のありがたさを思う、終戦記念日の今日である。


——八月十五日記——

おもてなしの心

（平成26年10月13日付）

戦中戦後、荒廃した山寺を女手一つで守ってきた母は、清貧の人であった。

昭和二十一年、島根県の教育方針の一つとして、出雲三十三カ所観音霊場復興による心田開発（戦後の混乱期に、思いやりの心を育む等、精神的なものを求める動きをこのように表現していた）が提唱され、翌年県議会議長に就任された恒松安夫氏（後の県知事）が自ら各地の寺院を廻《まわ》り、椎茸《しいたけ》栽培の講習会を開催された。母は早速、山麓の篤農家狩野さんの協力を得て、香港から復員してきた次兄と、西山に三百本ばかりのホダ場を造った。二年目の春子（二月〜四月に採れるもの）を、宝石にでも触るようにして採取した母の喜びの顔が懐かしい。

父に続き、頼りにしていた二人の兄までも失い、更に寺の経済を支えていた土地も、農地解放（改革）により手放さざるを得なくなり、これで何も失うものはなくなった。勝ち気な母はさばさばした気持ち、捨て聖《ひじり》、一遍上人の心境であったと思う。そんな苦境の中での椎茸栽培であった。

寺の朝は早い。パチパチと木を折る音、くどの煙、身寄りを失って引き取った老婆と共に作る佃煮《つくだに》。芳ばしい匂いが寝ぼけ眼の私の目を覚ます。通学前は椎茸採りの手伝い、下校して帰宅すれば私を待ち構えていた母は「たあさん（子供の頃の呼び名）、片棒担いでや」と、肥えくみの手伝い。一農婦になりきって裏の山畑を耕し、収穫の喜びを生活の糧とし、自然を友として生きる母。雅《みやび》の都に生まれ、下町の小町と呼ばれた母の若き日の姿を思い抱いた人があろうか。

平安の仏おわします古寺を訪れる風流墨客へのおもてなしには、山の幸を京風にあしらった佃煮。母の「おもてなしのお接待」料理が評判を呼んだ。

昭和二十七年、金閣寺再建勧募行脚の慈海老師を西光院（出雲市斐川町）さんのご案内でご来杖《らいじょう》をいただき、一夜のお宿をした。思いがけぬ高僧を迎え、総代さんによる手打ちのそばに煮しめ、田舎料理、地酒。名園を眺めながらいただくおもてなしは格別と、お喜びいただいた。

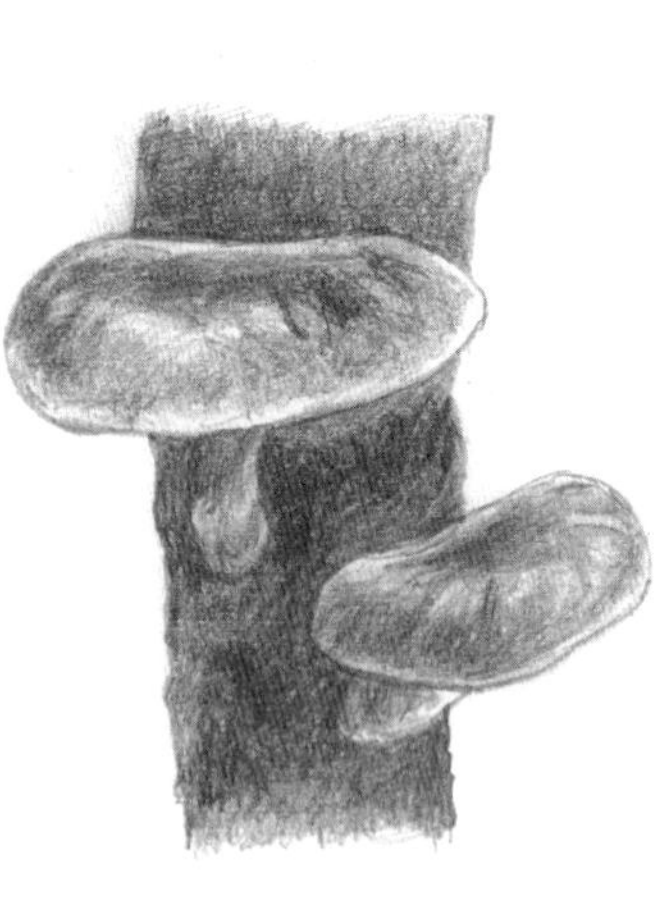

昭和四十六年にはユースホステルを開設。学園騒動で教えの場を失った心情派の若者たちは青春を旅に求めた。人里離れた不便な山寺を訪ねるホステラーは限られていただけに、家族ぐるみの家庭的なおもてなしが喜ばれ、一夜の宿りが縁となって友情の輪が広がっていった。若者たちに接し、お世話することに喜びを見出した母もまた、ホステラーの人気を集めた。私たちは父さん、母さんと呼ばれ、四十数年経《た》った今でも第二のふるさととして訪ねてくれる。本当にありがたいご縁である。

母の椎茸栽培から始まったおもてなしの心。受け継いだ私たちも年老いた。次の世代への交代の時期を迎え、立派に受け継がれることを信じたい。

米寿を迎えて

（平成26年12月1日付）


満八十六歳の誕生日を翌日に控えた十一月八日の夜、三人娘のうちの二人と、三人の孫娘たちが夫婦そろって、米寿の祝いに駆け付けてくれた。

「お寺を守って六十五年、大変お疲れさまでした。元気で米寿を迎えられ、心からお祝い申し上げます」。残念ながらこの日所用で帰ってこられなかった三女夫婦からも、お祝いのメッセージをくれた。

娘三人は、良縁を得てそれぞれ在家に嫁ぎ、行く道は異なれど、「両親の背中を見て育ち、それを誇りとして今日を迎えることができた」との感謝の言葉に、心温まる至福のひとときであった。

宴もたけなわ、最後に老妻より、次のような祝いの言葉をいただく。

一見安閑としてもの静かに坐《ざ》しておられるあなたの中には、元来の病弱を逆手に取った強さを、身の内にたぎらせている方だと私は思っております。昭和三十年十月一日、私はあなたと結婚しました。再婚の私を、それこそ淡々として峯寺に迎え入れてくださいました。これが第一。その後、私の知る限りの中で、お観音様の本開帳二回厳修。一回目が昭和三十六年、二回目は平成六年。その間には臨時開帳三回。こうした峯寺最大の行事を迎える度に、伽藍《がらん》の修繕、屋根替えを行い、また、重要文化財の修復等、山内面目新たになりました。一方、戦後絶えていた大峯修行や奥駈《おくが》けの厳しい修行の旅の復活は、あなたにとっては実に命懸けの行でありました。これは現在ただ今、快遍住職に立派に受け継がれております。

私が教職を退職して帰るのを待ち受けていたかのように、峯寺を開放してユースホステルを開設されました。ユースホステルは、仏教寺院本来の在り方として素晴らしい仕事であることを実感いたしました。当時の日本は安保反対を旗頭にしてほとんどの大学は閉鎖されておりました。学生の間でも過激派と、どうしてもその中に入り込めない派と二つに分かれておりました。穏健派の学生たちは、授業のない大学を後にして、青春の情熱を旅に求めました。峯寺ユースホステルは汗にまみれた若人を毎日迎えることに、家族みんなで燃えておりました。「入り来る者にやすらぎを。去りゆく人に幸せを」の心意気が、四十年たった今なお続いており、これも快遍師に受け継がれております。

精進料理の寺としても、今ではネットの時代、遠く県外からもわざわざ訪ねて来てくださるお客さまが多くなりました。そうしたご来山の方々をねんごろにおもてなしするのは、寺に住む者の菩薩行であるということを、これも御前さま、あなたの教えの中で学ばせていただいたことであります。

とにかく来る日も来る日も大忙しの毎日でした。しかも、大いに楽しい日々でありました。そのてんやわんやの中で、三人の娘たちは成長いたしました。

今はまた峯寺をそっくり引き継いでくれた快遍師がおります。御前さま、あなたの人生は大変だったけど、素晴らしかったですね。

筆者夫婦　米寿の祝いにて

私は平成二十六年五月、四十三代の住職を引退いたしました。当欄執筆十年の長きにわたりご愛読いただいた皆さま方に、心より感謝申し上げ、筆を置かせていただきます。

山に祈る　～峯寺老僧随想録～

平成27年１月25日　初版第１刷発行
平成28年２月12日　　〃　第２刷発行

著　者　　松浦　快芳

発行所　　山陰中央新報社
〒690－8668　松江市殿町383
電話　0852－32－3420（出版部）

印　刷　　武永印刷株式会社

ISBN978－4－87903－183－9 C0095 ¥1200E